bungei
girlish

世界《せかい》小娘《こむすめ》文學《ぶんがく》全集《ぜんしゅう》

――文藝ガーリッシュ　舶来篇

千野

社

世界小娘文學全集

はじめに——「毒と蜜」の世界文学。

お手紙拝読いたしました。

読みたい本が多すぎて、どこから手をつけていいのやら見当もつかない。本の山を前に、あなたは両手首を腰に当てて、ため息をつくばかりなのですね。

なにしろ喫茶店や地下鉄のなかでは、スキートな書物の一冊一冊が大事なお友だち。かぎられた読書の時間に、わかりきった本や甘ったるいだけの本は厭。——ひとりの時間を大切にする、聡明で誇り高いお嬢さんなら、だれしもそう思っているはず。だから本との出会いは、できるかぎり叮《てい》嚀《ねい》なものでありたい。

文藝ガーリッシュはそんな、志は高く心は狭い小娘《フィエット》のための、読書のスタイルです。

ガーリーが本来「女の子のエッチな画像を含む」(グラビアとか)という意味を持っていたのにたいして、ガーリッシュという言葉は、「女子の」「女子用の」「女子ふうの」という、ニュートラルな意味を持っていました。

だから、ガーリーじゃなくてガーリッシュ、じゃなきゃダメなのです。

いまどき文学なんて、と人は言うでしょう。とくに、ちょっと文学を読んだと自負する人ほど、文学は終わったとか死んだとか言いたがるもの。

でも私は、馬鹿みたいだけど、思ってしまうのです。

美しい文学、くだらない文学。有害な文学、生ぬるい文学。文学がいてくれてhappy、と。

文学は効き目の遅い薬。そして、だれかに効いた薬が、あなたにも効くとはかぎらない、そんな処方の難しい薬でもあります。けれど、一冊の本や一篇の短篇小説が、ときには一生、あなたに作用しつづけることもある。そんな本と出会ったと感じたことだって、あなたの人生のなかで、いままでに一度や二度はあったことでしょう。

そのとき、あなたが本を選んだのではありません。

本があなたを選んだのです。

その本が、なぜあなたを選んだのかって？

スキートな「蜜」と、致死量の「毒」とを、あなたに届けるため。

一八世紀末から二一世紀初頭にかけて、世界各国で書かれた小娘《フィエット》文學、約六〇作品について、あなたに宛ててお手紙を書きました。そのお手紙が、この『世界小娘文學全集』です。

女の子にとって学校とは、夏とは、恋とは、結婚とはなにか。

女の子と子どもの境はいつで、女の子と男の子の境界線はどこにあるのか。

二〇〇年以上にわたって、世界の文学はこんなことだって考えてきたのです。

本書には、グリーン・ゲイブルズのアンは登場しません。マーチ家の四姉妹や孤児のジュディにも、お休みいただいてます。

いわゆる「少女小説」以上に、じつは大人向けの文学作品のなかでこそ、彼女たちはもっと切実な物語を生きているからです。

小娘文學を語る場で必ず引き合いに出される、おなじみの『地下鉄のザジ』や『高慢と偏見』。ルル・ワンの『睡蓮の教室』やイアン・マキューアンの『贖罪』などの現代小説。

そして、いまの日本ではほとんど忘れられつつある、フランソワーズ・マレの『偽りの春』やエルマー・ライスの『夢みる乙女』といった、知られざる珠玉。

世界にたいして違和感を抱いたり、社会のルールとぶつかったり、さらには自分が「女の子」であること自体に苛立ったり。約六〇作品が提示する「女の子」の姿は、あまりにばらばらで、驚くほど多様です。

あなたと同じ憧れと同じ誇りを左の胸ポケットに入れて、あなたと背中合わせに戦っているあの子が、このなかにきっといるはず。もしかすると、あの子の毒はあなたの毒、あの子の蜜はあなたの蜜なのかもしれません。

本書は主題別に、全一〇章からなっています。各章末では「文學少女の二冊目の手帖」として、読書にまつわるさまざまな厄介ごとについて、文藝ガーリッシュ的に考察してみました。


私はすでに、近代日本文学篇『文藝ガーリッシュ　素敵な本に選ばれたくて。』（河出書房新社）を刊行しています（まだ読んでくださっていなくても、なにとぞご安心を。どちらを先に読んでくださってもかまいません）。

そこで書いた、私たちの合言葉を、思い出してください。

「志は高く、心は狭く」。

よくできました。そして私はいま、こう言いましょう。志はもっと高く、心はもっと狭く、と。

これらの文学作品から上等の蜜と毒とを持ち帰って、あなたの周囲の世界を変えていくことが、あなたならできる。そう信じています。

だから私は、ほかのだれでもないあなたに、この手紙を書いたのです。

世界小娘文學全集　目次

I

をさなごゝろが終わるとき。

子どもというものは初めは親を愛する。
しばらくすると裁くようになる。
かりに許すとしてもめったに許さない。

オスカー・ワイルド

あたし宇宙飛行士になって火星人を
いじめに行くんだ。

レーモン・クノー『地下鉄のザジ』
Raymond Queneau, *Zazie dans le metro.*

　パリを描いた小説は星の数ほどあります。そもそもフランスの近代文学って、なにかというと首都が舞台になっている——まるで平安時代の文学で世界イコール京都って感じになっているようなものです——うえに、ポウの『モルグ街の殺人』をはじめとする他国の文学作品もパリを舞台にするものですから、星の数になってしまう。

　そんななかでもっともパリを感じさせる作品というと、ベタですけどやはりこれ。

　情夫に会うためにパリにやってきた母ジャンヌ・ラロシェール。その母に連れられた小娘ザジは、ガブリエル叔父さんに二日間預けられます。

〈けつ喰らえ！〉（モン・キュ！）というのが口癖の、大人の手に負えないパンキッシュな女の子・ザジは、花のパリにやってきて、生まれてはじめて地下鉄に乗るのを楽しみにしていました。けれども残念なことに地下鉄はストライキ中で、ザジはすっかりご機嫌斜め。あの都市に少しでも滞在したかたなら、メトロがいかに頻繁にストライキを決行するかはご存じのとおりです。

ガブリエル叔父さんは夜警の恰好をしています。けれど彼の正体はどうやら、ガブリエラという源氏名の、女装して踊るダンサーらしいのです。のちのドラッグクィーンみたいなものか？

彼を取り巻く人々も、そしてザジがパリで出会う人々も、みんな一癖も二癖もある濃いキャラ揃い。とくに警官なのか痴漢なのかよくわからないトルースカイヨンやニンフォマニアの気《け》のありそうなムアック未亡人は、クノーならではの人物造形でしょう。そして登場人物たちの高速の会話に鸚鵡《おうむ》の〈緑〉（ラヴェルデュール）が絶妙なタイミングで口を挟みます。ハイスピードなドタバタは、最後は機動隊をも巻きこんだ大騒動に発展します。

下町メタフィクション『はまむぎ』でデビューしたレーモン・クノーが、一九五九年に発表したスラップスティック・コメディ『地下鉄のザジ』は、翌年にはルイ・マル監督により映画となり、大ヒットしました。実験的な小説構造と笑いを重視した作風とでフランスではいまだに人気の高いクノーは、日本でいえば筒井康隆みたいな存在でしょうか。

小説冒頭のガブリエル叔父さんの台詞〈なんてくせえやつらだ〉（ドゥキピュドンクタン）はフランス文学でもっとも有名な書き出しのひとつです。そして小説の結末、とうとう地下鉄に乗れずじまいのザジと迎えに来た母との会話も素敵。

〈「地下鉄は見たの？」「うぅうん」「じゃ、何をしたの？」「年を取ったわ」〉

でも、クノーの小説のなかでもっともガーリッシュな場面は、彼のデビュー作にして最高傑作『はまむぎ』の、婚礼の直後に花嫁が病死するノンセンスな場面でしょう。私はプルーストの『失われた時を求めて』もジョイスの『ユリシーズ』も「二〇世紀に入って書かれた、一九世紀小説の総決算」だと思っているので、むしろ『はまむぎ』こそ真の意味で二〇世紀（らしい）最高の小説なのだと思っています。

いやいや、『きびしい冬』や『青い花』、『聖グラングラン祭』に『わが友ピエロ』、未訳の『サリー・マラ全集』と、クノーの小説は汲めども尽きぬ綺想の泉。『地下鉄のザジ』は、フランスでいちばん素敵な作家の不思議な世界の、ほんの入口に過ぎません。

するとうちの伯母のこともほとんどご存知ないのですね？

サキ『あけたままの窓』
Saki, The Open Window.

療養のために田舎を訪れたフラムトン・ナテルは、姉の書いた紹介状を手に、ミセス・サプルトンの家にやってきた。姉は数年前、この村の牧師館に泊まっていたことがあったのだ。フラムトンを迎えたのはミセス・サプルトンの姪、一五歳のヴィアラだった。伯母が上階から降りてくるのを待つあいだ、姪は、客間の大きなフランス窓が一〇月だというのに芝生に向けて奇妙にも開け放したままであるその理由を、フラムトンに向かって語りはじめる。

――三年前のきょう、伯母の夫はふたりの義弟と茶色のスパニエル犬とともに、鴫《しぎ》撃ちに出かけました。伯父は白のレインコートを腕に掛けて、下の弟は伯母の嫌いな「バーティ、おまえはなぜはねる」の歌を歌いながら。みんな、そのまま帰ってきませんでした。湿地に嵌《は》まったのでしょうか、死体はいまだに上がっていません。伯母は可哀相にそれ以来、三人と一頭がいつものようにあの窓から帰ってくることを信じて、遅くまで窓を開け放しているんです。〈こんなしんとした静かな夕方など、あの窓から三人が入ってくるかと思うと、わたし、ゾーッとすることがありますのよ〉――。

そこに降りてきた快活なミセス・サプルトンは平然と、もうすぐ夫と弟たちが鴫撃ちから帰ってくるので窓を開けたままにさせてもらいますね、と断り、鳥もすっかり少なくなりましたこと、などと猟の話を続ける。恐ろしくなったフラムトンは、話を怖くないほうに向けようとするが、夫人は〈あまり自分に関心はもたず、目は絶えずフラムトンを通りこして、あいたままの窓とその外の芝生の方へばかり向いている〉。そしてこちらの話も碌《ろく》に聞かず、〈ようやく戻ってきましたよ〉、〈ちょうどお茶に間に合ってよかったこと。まるで顔まで泥んこじゃありませんか〉と晴れやかな顔で言う。ヴィアラを見ると彼女の顔は恐怖に引きつっている。

夕闇迫る芝生をやってくる三人の男と一頭の茶色いスパニエル。うちひとりの肩には白いレインコート。しゃがれた若い男の声で「バーティ、おまえはなぜはねる」の歌が聞こえてくる。フラムトンは帽子とステッキを摑んで逃げ出すが――。

サキ『あけたままの窓』(一九一一)は英語の教科書にも載っている大ヒット学篇。作品単体としての好みから言うなら『納戸部屋』や『スレドニ・ヴァシュター』のほうが好きなのですが、なんといってもヴィアラのキャラが無闇に私好みなので取り上げてみました。あまりによく知られているお話ですが、ガーリッシュという面からこれを評価した例は不勉強にして知りません。

あんたなんか好き……ぢやないわ。

レオン・フラピエ『愛の歌』
Léon Frapié, *L'Écolière.*

〈今年十歳《とを》になるルイゼットは〔…〕金髪の痩つぽちで、色が青白く、ませた顔が妙におつとりした憂鬱さで淋しさうに見える。碧い眼は澄んで利口さうだ。〔…〕幾分長目の體に合つた青と白との雲齋布の胴着が附いた着物を着て、黄色の革帯を締めてゐる。蝶形に結ばれた青い編《あみ》リボンの端が、左の耳の上、髪の毛の間から可愛らしくのぞいてゐる〉。

毎週木曜の午後に、同じ階に住む一一歳のトトール少年につき添われて、母と別れた父に面会に行く。父は鋳《い》掛《かけ》屋、母は蒲団直しだ。殴り合いの末に離縁となったとき、一枚しかない海藻入りの蒲団が母のものであったため、〈蒲團もない者が子供を見てやる譯にはいかないやね〉というだけの理由で、子どもたちの親権は母のものとなった。

面会のあいだ、トトールは歩道の端に腰を下ろしてじっと待っている。

父は上着を繕っている。〈私、學校で御褒美盗まれたの〉〈しまひ方がいけなかつたんだね〉〈ちやんと靴下の中に入れておいたのよ。〔…〕そしたら靴下に穴があいてゐたの〉。ふたりは沈黙する。〈でお父さんの方、何か變つた事ない?〉〈胴の鍋はさつぱり出ないよ。桶は少しでる。牛乳罐も少しだ。母さんの方は?〉〈藁蒲團は多すぎる位。海藻入りもどつさりあるわ。だけど、毛蒲團は滅多に出ないのよ〉。また沈黙。往来からトトールの口笛が聞こえ、面会時間が終わりに近いことを告げる。

〈で、母さんは……俺のこと何も云はなかつたかい?〉〈云つてよ〉〈どんな事?〉〈お母さんはかう云つたの、『お前、お父さんに、妾《あたし》あの人、好き……なもんかいつて云ひな。』つて〉。また沈默。また口笛。〈ぢや、お母さんになんて云いませうか?〉〈同じ事云つておくれ。私は母さんが好き……なもんかいつて〉。

外に出てルイゼットはトトールに、両親がじき仲直りするだろうという予想を漏らす。酒屋に入つていく母を見つけた彼女は、父の伝言を報告に行く。酒屋から出てきたルイゼットにトトールが訊く。〈お母さん、なんて云つた?〉〈驚いたわ!『顔を洗はなくつちや』つて〉〈どうして、肩をあげて、そんなに變な顔をするの?〉〈だつて、あんた! 赤ん坊が生れたら、お守するのはあんたぢやないでせう?〉ルイゼットもトトールもいらいらしてしまう。〈あゝ! 今日はどうかしてるね……　いゝかい、僕は、お前が好き……ぢやないつと〉。〈あたしもよ、いいこと、あんたなんか好き……ぢやないわ〉。

『愛の歌』はレオン・フラピエの短篇集『女生徒』(一九〇五)に収められています。

女の子供というのは天性花や星を欲しがるものです。

アナトール・フランス『少年少女』
Anatole France, *Nos Enfants.*

ルーヴルにある古代ギリシアの大理石には、〈うら若い二人の乙女〉が〈お互いに、聖なるものといわれている蓮の花を相手にむかって捧げている、横向きの像〉がレリーフになっている。学者たちがその像の意味を探求しているが、まだ解明されていない。父に連れられてルーヴルを訪れた幼いシュザンヌは、ひとことで断言する。〈二人ともお祝いの日がおんなじなのよ、二人が二人、何から何までおんなじだわね、それで両方からおんなじ花を捧げているの。お友だちですもの〉（「シュザンヌ」）。

ジェルメーヌは病気から恢復しつつある。彼女の人形も彼女と同時に病気になり、同時に恢復期に入った。ジェルメーヌが医師の往診を受けたように、人形も友だちのアルフレッドの診察を受けた。病気だった九日間ずっと、姉妹のリュシイが毎日やってきて、勉強も縫い物もそこでやってくれた。病気にはいいこともある。〈それは私たちに、私たちの友人を教えます〉（「回復期」）。

ルウィゾンとフレデリックは歌を歌いながら、村を抜けて登校中。肉屋の黒い犬に遇うのが怖いフレデリックは、犬を脅すために石をいくつも拾いながら歩く。彼の怯懦を軽蔑したルウィゾンは、なにも言わずちょっとだけ歌の調子を変える。フレデリックは耳まで赤くなり、〈一層恐れなければならないのは、それは危険ではない、羞恥だと〉理解する。そして帰り道は平然とこの猛獣の前を通り過ぎるのだった。〈この話につけ加えておきましょう。彼はその時、ルウィゾンが見ているかどうか、そっと様子をうかがったということを。それは全くほんとのことです、この世にも しも、貴婦人や令嬢たちがいなかったなら、男たちはこれほど大胆ではないだろうというのは〉(「勇気」)。

アナトール・フランスの『少年少女』(一八八六)には、掌篇小説とも散文詩とも取れる断章が一九篇収められています。岩波文庫版(一九三七年の三好達治訳)では各篇扉頁でエディ・ルグランの版画を見ることができます。訳者あとがきに曰く、〈諸君が、やがて諸君の兄様や姉様くらいの年齢にでもなられたら、きっとこの本の内容がその時にはいっそう興味深くなるでしょう。これはそういう種類の本です。どうか年少の読者諸君は、そういうつもりで、気長にこの本をお読みください〉。

昭和一二年に岩波文庫を読んでいた嬢ちゃん坊ちゃんは、上の学校に行けるいいとこの子だったりするのかな。坊ちゃんだったら、山本有三編《日本少國民文庫》最終巻としてこの年に出た、吉野源三郎の『君たちはどう生きるか』の主人公コペル君みたいになろうと思ったりしたのでしょうか。

あなたのパパって、わたしのママのことがこれっぽっちもわかってないのね！

トーベ・ヤンソン『カリン、わが友』
Tove Jansson, *Karin, min Vän.*

夏、ママと〈わたし〉はスウェーデンに行って、母方の祖父母の大きな牧師館で暮らしました。〈わたし〉より七か月年上の美しい従姉カリンも、ドイツからやってきました。〈わたし〉は昼間、緑の野原に出て、モーセの物語を読みました。〈神さまだって悪いことをすると知って、ほっとした。しょっちゅう気分を害し、ほかの神さまをねたんで、じっくり時間をかけてこれでもかとばかりに仕返しをする〉。〈わたし〉はカリンのことが大好きで、ほとんど崇拝しているほどでした。集会で讃美歌を歌う彼女を見ただけで、〈きよらかな歓びと悲しみとにうちふるえてしまう〉。そんなカリンも雀蜂は怖いらしい。朝のお勤めのときに、一匹の雀蜂が近づいてきたとき、カリンは両手を振り回して、きゃあきゃあ叫び出しました。〈わたし〉は涙が出るほど笑い転げます。

数年後、ライン渓谷の小さな町にあるカリンの家を訪れた〈わたし〉は、以前より美しく、以前より生真面目になったカリンと、どうしても話が合わなくなりました。カリンとその父で牧師のフーゴー伯父を悲しませないように、〈わたし〉は、煙草を吸いたくなったら教区を出て、はるばる町の外にまで出かけて行くことにしました。エルサ伯母はカリンがフィンランドからやってきた従妹とうまくいけばいいと願っていますが、カリンのひたむきな敬虔さは、〈わたし〉を戸惑わせるばかりです。

〈カリンの部屋は白でまとめられた女の子らしいものだ。きっと小さいころからそうだったにちがいない〉。カリンとその両親と〈わたし〉は、ふたりの大好きなスイスのグリンデルヴァルトに旅行します。〈グリンデルヴァルト、けわしい危険とちんまりした牧歌的風景が隣りあわせの怖るべき情景。ここではあまりに早く陽が翳るし、地平線がみえない……〉。

ふたたび時が流れ、戦後、〈わたし〉の家で、当時出はじめたばかりのクラウス・シュルツェの電子音楽を聴いていたカリンに、異変が訪れます。カリンはシンセサイザーの音に、悪魔と神との対決を聴き取るのでした。

〈カリンがいなくなってからも、浴室《バスルーム》はながらく聖なる空間でありつづけた。ときおりふと思いたって、解きがたき問いの答を求めて足を運んだものである〉。トーベ・ヤンソンの『カリン、わが友』は、短篇集『クララからの手紙』（一九九一）に収録されています。

何から何まで悲しいことだらけだった。
これから変わっていくんだろうか？

キャサリン・マンスフィールド『船の旅』
Katherine Mansfield, *The Voyage.*

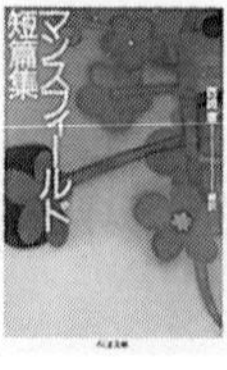

フローベールの自由間接話法とデュジャルダンの内的独白という、二大「心理主義」的手法は、ヘンリー・ジェイムズやジョイス、プルースト、ヴァージニア・ウルフを経て、フォークナーやサロートといった作家たちへと繋がっていきます。小説は、読者が語り手の言葉に耳を傾ける感じではなく、登場人物の心のなかをテレパシーのように受け取る感じにならなければならない、といった独断的な説が長らく、とくに英語圏で、また日本でも、支持されていたようです。

私はそんな「モダン」の小説が苦手でした。心理主義的作品を二〇世紀小説の理想形と位置づける見かたにたいする、アラン・ロブ＝グリエやミラン・クンデラの批判は、いまでも私の支えになっています。けれど年のせいか、私もモダニズム小説と、少しずつ和解しつつあるようです。

キャサリン・マンスフィールドの短篇には、筋らしい筋はありません。スケッチ的な作品が多いチェーホフよりも、さらにストーリーがない。

『船の旅』（一九二二）も、母をなくしたフェネラ・クレインが祖母に伴われて、夜の船旅で祖父のもとに帰るというだけの話です。『人形の家』（吉屋信子が翻案している）や『少女』『初めての舞踏会』『園遊会《ガーデン・パーティ》』『パール・ボタンはどんなふうにさらわれたか』同様に、人生《ライフ》とやらの戸口に立って興味半分、怖さ半分で覗きこんでいる小さい人あるいは若い人の意識を掬い取ろうとする作品群に属しています。

旅行鞄と傘を持っていると、埠頭の強い風にフェネラの帽子が飛ばされそうになる。見送りに来た父は疲れて悲しそうだ。父が別れ際に帽子を取って祖母を抱き締めたので、フェネラは驚いてしまう。出港すると埠頭が遠くなって、人の群れのだれが父なのかわからない。亡母が編んでくれた鉤針編みのスカーフを、祖母は頭に巻く。この家は、けっして裕福ではなさそうですね。羊毛小屋がある風景や、祖母が船室に持ちこむワインビスケットといった細部が、ニュージーランドという土地を感じさせてくれます。

結末、祖父の家で、キルトの蒲団の載ったベッドの頭側の壁に額が掛かっていて、そこに大きな字で書いてあります。〈捜し物！　黄金に似た一時間／ダイアモンドの一分を六十集めたもの／薄謝進呈いたしません／永遠の彼方にすでに去ってしまったので〉。おじいちゃんは楽しそうに顔をくしゃくしゃにして言いました。〈お前のおばあちゃんが書いたんだよ〉。

翻訳文学を読むということ。

『文藝ガーリッシュ』の二冊目『世界小娘文學全集』は、翻訳文学にかんする本になりました。

いま、翻訳文学の固定読者数は、かつてに比べるとずっと少なくなったと言われています。日本文学を読む人より、さらに少なくなっている。映画化されてベストセラーになる例外的な物件を除くと、翻訳文学が話題になること自体なくなっています。

そもそも日本の「近代化」は、軍隊・学問・法律・産業・芸術《アート》・娯楽《エンタテインメント》などの諸方面において、西洋の真似をしていくことでした。

昭和初期に、円本（一冊一円、セット売りの文学全集）が流行し、岩波文庫が創刊されて話題になった時代、岩波女学生《ガアル》や岩波文学書生《ボオイ》といったタイプの若者たちは、日本文学だけでなく翻訳文学もよく読んでいました。

さらに言えば当時、時代小説や探偵小説を除くと、日本の文学は文学青年・文学中年たちのためのものであって、教養ある中流以上の一般読者にはむしろ、豪華さと遠さのイメージを纏った欧米文学のほうが親しまれていたふしがあります。かつて各社が競って販売した世界文学全集（その実態は欧米文学全集だった）の歴史を振り返るなら、翻訳文学の人気は一九六〇年代くらいまで続いたのではないかと思われます。

それは少し遅れて、一九七〇年代前半まで、少女漫画において「西洋」が舞台として好まれたことと、けっして無縁ではないでしょう(もちろん西洋といっても『リボンの騎士』と『ベルサイユのばら』とでは西洋の持つ意味がかなり違うのですが)。

いまとなっては翻訳文学というと、志の高い一部の読者が読むイメージがあるかもしれません。けれど、かつては翻訳出版それ自体が、いまよりはるかに強かったであろうミーハーな「欧米への憧れ」によって支えられていたのです。

『赤と黒』『戦争と平和』『風と共に去りぬ』を読むことがそのまま、映画でジュリアン、ナターシャ、スカーレットを演じたジェラール・フィリップ、オードリー・ヘプバーン、ヴィヴィアン・リーを観て「素敵…♡」とうっとりすることと、きっと地続きだったに違いありません。

ということは、翻訳文学を読んでいた多くの人々は、必ずしも本好きではなく、外国に興味がある人たちだったのかもしれないということです。逆に言えば、高度成長のさなかの一九六四年に外国渡航が自由化されたあと、そういう層は書を捨て、異国を旅することを選んだのです。

活字をとおして異国を見るなんて、いまどきそんな迂遠なことをするのは、外国が好きな人ではなく、そもそも本それ自体が好きな人——要するにあなたと私くらいなものなのです。

いまや、昭和初期と、一九五〇—六〇年代の二度に亙って興った文学全集ブームは、遠い過去の話となり、このお手紙を書いている私ですら、かってそんなことがあったなんてなかなか実感できません。

古本のカタログや国立国会図書館の検索システムで、一九六〇年代までに翻訳された書目が並んでいるのを見たりすると、こんなものまで翻訳されていたのかと、まったく、呆れ半分の溜息が出てしまいます。

時代遅れなものをつぎつぎに好きになってしまう私のような者はついつい、自分が体験しなかった「むかし」に比べて現在が悪い時代であるという漠然とした印象を抱いてしまいがちです。なんとも羨ましい時代だったという気がします。

けれどそれは、じつはけっこう無責任な印象でもあるのです。かつての充実した翻訳状況はじつは、当時の娯楽の選択肢の少なさという事実をも意味するのですから（このことは第Ⅴ章・第Ⅵ章でもう少し追究してみたいと思っています）。

それに、考えてみてください。一九六〇年代までの日本は、古いものをどんどん捨てて先に進もうとしていた日本だったのです。いま見ると懐かしい景観のあの都市に住んでいた人たちは、その景観から早く脱してつぎのステップに――首都高速と高層建築の都市に――進むことを選んだのです。当時の人たちは、私たちのように古い絶版本を愛でることよりも、最新流行の文学のほうに目を奪われていたのではないでしょうか。

II セレブリティ・コンプレックス。

あらゆる社交はおのずから虚偽を必要とするものである。

芥川 龍之介

どうしていけないの？《エ・プルクワ・パ》

トルーマン・カポーティ『ティファニーで朝食を』
Truman Capote, *Breakfast at Tiffany's.*

あなたに男性が自分のむかし話をしていて、その話のなかに、いろいろ傍《はた》迷惑だけれど人（とくに男性）を惹きつける素質を持っているらしき女性が登場したとしたら、あなたはきっと気になるはずです。その男性がまだその女性に惹かれているのか、それとも彼はもう彼女のことを「卒業」してしまって、ただたんに「話す価値のある思い出話」をしているのかが。

自分はだれにも所属してなんかいない。だからなにものにも束縛されない――『ティファニーで朝食を』（一九五八）での、ホリー・ゴライトリーのこのような主張は、いまではもう珍しくもありません。しかし作中の年代（原作は回想体で書かれていて、映画版よりも時代背景がうんと古いようです）では、いかにニューヨークといえども、ひとりで生きる女性がそのライフスタイルで貫き通すのはなかなか困難だったことでしょう。

さて、読者がホリー・ゴライトリーにかぶせる形容詞といえば、自由気儘、奔放、無軌道、傲慢、それでいて小粋で魅力的、といったところだと思います。「いや、読んだけど私にはただの厭な女にしか思えなかった」という意見もときどき見かけます。

事実、ホリーは典型的な「周囲を振り回す」女で、とくに男は彼女にかかわるとなかなかたいへんそう。なのにみんなけっこう頑張って振り回されている。『東京ラブストーリー』の赤名リカとか、取り巻きがいるあたりは涼宮ハルヒとか、そういった感じです。

いくつかの理由で、読者はホリー・ゴライトリーという登場人物にたいしてつい、「魅力的な女性」を最初から求めてしまうのですが、それは小説にたいして、果たしてフェアな読みかたなのでしょうか。

もちろん、なにを期待して読んでもいいのが小説というものなのですが、はなから「魅力的な女性」を期待して読んで、

「ホリー・ゴライトリーはやっぱり魅力的だった！」

で終わっては、なんだか勿体ない。そんな簡単な「答えあわせ」に使われるほど、この小説はヤワなものなのでしょうか。それだったらまだ、

「魅力的な女性を期待して読んだけど、これってただの困った女じゃん」

とがっかりしてしまうことのほうが（逆に、さらに少数派でしょうけれど「厭な女かと思ってたけど、意外にイイ奴かも」でも）、素敵な読書だったりする。あまり知られていない事実ですが、読書体験のリッチさは、期待充足の満足度とイコールではないのです。

ところで、ホリー・ゴライトリーはどうやら見た目からたいへん魅力的な女性であるらしい。ですが、どんな見た目であるかということは、あまり特定されていません。映画を先に見た人は、原作で見た目の記述が素っ気ないのを意外に思うそうですが、小説ではごく当たり前のこと。それより、名刺の住所欄に〈旅行中〉と書いてあったり、猫に名前をつけなかったりと、そういう細部で人物を立てていくのが小説のお仕事なのです。

本章では、華やかな世界への憧れという、このフェミニンで厄介《やっかい》な煩悩をあつかった作品をご紹介します。

――そうそう、ひとつ言い忘れてました。原作のホリー・ゴライトリーはティファニー前でパンを齧りません。

彼女は、自分ではそうと知らずに孤独だった。

エリザベス・テイラー『エンジェル』
Elizabeth Taylor, *Angel*.

ノートに詩のようなものを書いた中学生時代を持つ女子は、意外に多いらしい。このとき、中学生の文章のロールモデルがどういうものであるかは、その子の文筆人生を決定する大きな要因です。銀色夏生の初期作品を参考にして書く子（一人称はときどき「僕」）。ヴィジュアル系を意識して「あの時あの場所で……」「この夜を越えて二人……」などと綴っていく子。ゴスでアングラな感じを狙って心の血を流しつつ「呪」「闇」「柩」などの怖い字を刻みこんでいく子。

人生いろいろですが、大半の子はどっかで憑きものが落ちて、そこまでの文筆キャリアをリセットしてしまいます。しかしいまはブログなどというものがあるため、大人になってもこつこつと文を綴り続ける人も増えていることでしょう。

リセットしなかった女子はどうなるか。カポーティの『ティファニーで朝食を』の前年（一九五七）、著名な女優と同姓同名の小説家エリザベス・テイラーが発表した長篇小説『エンジェル』に、その答えを探ってみましょう。

小説の冒頭、時代は二〇世紀初頭。エンジェルは一五歳で、学校に通っています。父はすでになく、けっして裕福でない家計から、母が無理をして私立学校にやってくれているのです。

エンジェルは作文が得意なのですが、文才があるというより、ほかの子の知らない語彙をどこかからトラックで仕入れてきては、それを駆使して夢見がちでロマンティックな——と言えば聞こえはいいけれど、要するにごてごてと〈装飾過多の、漸増法《クレシェンド》や頭韻だらけの〉文章を書いては、先生を困惑させるのです。一五歳の子がこんな語彙を持っているはずがない、きっとどこかからパクってきたんだ、と。エンジェルの美意識は学校の先生の認めるところではなかったようです。

エンジェルが誕生したとき、その名前は、ロティ叔母さんが雇われている邸宅「パラダイス・ハウス」で生まれて間もなかったアンジェリカお嬢さまの名に因《ちな》んでつけられました。名前までお下がりだなんて……。〈エンジェルが学校へ行くようになっておかしいと気づくまで、母親も叔母もエンジェルも、いつもその名前を「l」を二つつけて綴っていた〉という話も、『赤毛のアン』のアンが名前の最後のeにこだわった話より、さらに残酷で切ないではありませんか。

困った人かもしれないけれど、私はエンジェルが愛おしい。通俗ロマンス小説で人気作家となったエンジェルは、憧れのパラダイス・ハウスを買い取るのですが、その後の思い込み人生の壮絶さと哀しさは、どうかじっさいに本で読んでみてください。

わかったわ！
夢を見ても夢に支配されちゃいけないのね。

エルマー・ライス『夢みる乙女』
Elmer Rice, *Dream Girl.*

ジョオギナ・アラトンはニューヨークに住む二三歳の女の子。弁護士のパパとベストセラー小説に夢中のママと暮らし、友人のクレア・ブレイクリイと女子ふたりで小さな本屋さん〈人魚《マアメイド・》書房《ブックショップ》〉を経営している。出版社に勤める義兄ジム・ルウカスのことがむかしから気になってるんだけど、ジムは夢想家肌で何度も転職を繰り返した過去がある。不採用にした小説の持ちこみ原稿が、他社から刊行されて大ベストセラーになり、ジムは編集者の職も失ってしまう。その小説が人魚書房でも在庫が払底、ジョオギナのママも夢中の、要するに大甘な恋愛小説ってわけ。

ジョオギナは小説家になりたいという野望をひそかに抱いていた。けれど、どこに投稿してもボツになるばかり。義兄ジムの口利きでもダメなものはダメなのでした。さらに、ハンサムで本を読まずに書くのが得意な書評記者クラアク・レッドフィイルドにも、面と向かって原稿を酷評されてしまう。あー、あたしって才能ないんだなあ。

そんなドリームガールの一日を二幕の恋愛喜劇に仕立てたのがエルマー・ライスの『夢みる乙

女』（一九四五）。前から好きだったジムがジョオヂナの姉で現実主義者のミリアムに離婚を切り出し、ふたりで田舎に牧場を買って過ごそうとジョオヂナに提案する。ミリアムの夫としてジムを頼りなく思っていたママは、ジムが次女ジョオヂナに求婚しているとはつゆ知らず、これをむしろ長女から頼りない夫を厄介払いする好機と見ている。いっぽうジョオヂナは、大手取次業者で妻もいる遊び上手のジョオジ・ハンド（ジョルジュ・サンドみたいな名前だなあ）からランチの席で、いっしょにメキシコに遊びに行かない？　と声をかけられてしまう。さらに、なんの弾みかクラアクからは『ヴェニスの商人』の初日にいっしょに行こうと強引なデートのお誘い。カレッジで同級生だったヒルダ・ヴィンセントがポーシャ役だから、行きたいのは行きたいんだけど――。

　ジョオヂナの得意技は妄想力バリバリの白昼夢。いつでもどこでも妄想の世界に没入できる。そのなかで彼女はラジオの人生相談に電話し、姉の代わりにジムの子（しかも双子）を出産し、クラアクを銃殺して裁判にかけられ（なぜか検事はパパの顔）、メキシコでハンドと異国情緒に耽り（なぜか現地の陽気なミュージシャンのセニョールがクラアクの顔）、その不倫がもとでなぜか売春婦に淪落《りんらく》、なぜか姉と同じ顔の女の子を連れたハンドに同情されたあげく、引いた客がクラアクで、警察に通報すると言われて服薬自殺を図り、ジムの腕のなかで息を引き取ったかと思えば、楽屋で卒倒した主演女優に懇願されてリハーサルなしでポーシャ役のピンチヒッターを務め（ハイスクール時代にポーシャ役を一度やったことがあってよかった！）――。

彼女はバラ色がかった金色に光り輝いていた。

ゼルダ・フィッツジェラルド『皇太子のお気に召した娘』
Zelda Fitzgerald, The Girl the Prince Liked.

〈ヘレナはいつも言っていた。父から譲り受けたのは、玄関の広間にある大きな柱時計くらいよ。使用人たちからの心温まる感謝の言葉が彫り込まれているの、と〉。〈私〉がヘレナと知り合ったとき彼女は二七歳で、夫とともに社交界に君臨する、個性溢れる華やかな女性でした。彼女が開く晩餐会では、〈きまってどこか子供っぽい出来事が起こるのだった〉。とてもきれいな耳をした若い女性に過ぎないはずなのに、クリスマスの舞踏会の会場に入るときには、執事や従僕たちがすっ飛んできて、足もとにひれ伏す、それほどの威厳がありました。

自分本位で口が悪く、ゴルフが好きで、自分を冗談のネタにするのが得意なヘレナは、シカゴのパーティで〈英国でもっとも有名な青年〉に出会います。彼が彼女を見初《みそ》めたいきさつについては、いくつもの説があるのでした。

この出会いからヘレナの人生は変わります。彼女はますます日常の退屈さを厭い、せっかちな行動に駆り立てられていくのです。パリでの再会。ロンドンへの招待。宮殿にいらっしゃいと言われたヘレナは、召使や警護の人たちがたくさんいるから怖くて行けない、と返答する。すると彼は人払いを約束するのだった。

〈きれいで、金色に輝くダイナミックな彼女が、宮殿のまえでタクシーから降りる姿を想像してごらんなさい。〔…〕そして私たちの時代のもっともロマンティックな青年の姿を思い描いてごらんなさい。執事も、兵隊も、従僕ひとりも見あたらない宮殿の長い階段の、二つ目の最上段に座って口笛を吹いている彼の姿を〉

それが〈私〉の知った彼女と彼の最後の消息、彼女は相変わらず大西洋横断の豪華客船の乗客名簿に載っているし、パリのリッツにもちょくちょく滞在しているらしい——。

手もとにある『ゼルダ・フィッツジェラルド全作品』（新潮社）の解説によれば、短篇小説『皇太子のお気に召した娘』（一九三〇）は、当初夫であるF・スコット・フィッツジェラルド（『グレート・ギャツビー』の）との合作名義で発表されたそうですが、現在ではゼルダの作品であることが判明しているそうです。

この作品を含む六篇の〈娘〉シリーズは、逸話《アネクドート》を並べただけの、ひと筆書きの回想エッセイというスタイルに近く、そのことが作品に独特の軽みをもたらしていて、好感が持てます。そしてその多くは、フィッツジェラルド夫妻が社交の場で出会った実在の人物をモデルにしているとのことです。

うちに来てくれなくちゃ。見せたいものがあるの。

ジャック・ルーボー『麗しのオルタンス』
Jacques Roubaud, *La Belle Hortense.*

ジャック・ルーボーのコミカルでお洒落なメタフィクション『麗しのオルタンス』（一九八五）の舞台となる一郭は、ブティックやユダヤ系レストランが集まるパリのマレ地区をモデルとしています。地名は変えてありますが、ヴィエイユ・デュ・タンプル通り＋アルシーヴ通り→ヴィエイユ＝デ＝ザルシーヴ通り、ギユミット通り→ミルギエット通り、フラン・ブルジョワ通り→シトワイヤン通り（ブルジョワは町民、シトワイヤンは市民）といった具合に、もとの名前がすぐわかるような変えかたです。

一九××年の雪の朝、この素敵な町で食料品店を営むウゼーブのおかみさんのところに、仔猫のヴラディーミル・アレクサンドロヴィチが、揺籠に入った状態で密かに託された。添えられた手紙には、ヴラディーミル・アレクサンドロヴィチが遥か遠くの国ポルデヴィアの、さるやんごとなきかたに縁のあるお猫さまで、恭しく接するべきである旨、明記されていて、養育費としてダルマチアとポルデヴィアの金貨がたっぷり添えられていた。

いっぽう数年後、物語のヒロインであるオルタンスは〈二二歳と六か月〉の可愛い子ちゃん。図書館で恋に落ちた相手は、じつはポルデヴィア国のプリンスだった。もうひとりの主人公で作家志望のモルナシエくん（小説家《ロマンシエ》の綴り変え《アナグラム》）はこの小説『麗しのオルタンス』の「作者」と言い争いを始め、ついに「編集者」が割って入る。そのころ、この町で連続して怪事件が発生し、一連の事件を捜査していたブロニャール刑事は、推理の最終ヒントを得るために「作者」のもとを訪れる。

『地下鉄のザジ』の作者レーモン・クノーの傑作『わが友ピエロ』を下敷きに、まったく違った（けれど、クノーが生きてたら書いただろうなと思わせる）楽しい作品になっています。続篇二篇が書かれていますが、六部作になるはずなので、早く完結してほしい。続篇も含めてご紹介すると、プリンスの故国では〈コンピュータ派〉と〈プログラム派〉とが対立しているらしく、プリンス（そしてオルタンス）の行く手にまだまだ危険が待っています。当時のパリ国立図書館をモデルにしているらしい図書館では、本の整理が無茶苦茶で利用者が要請した本がちゃんと閲覧できず、その事情が第一巻で喜劇的に描かれるのですが、第三巻では、ポルデヴィア国立図書館長が第一巻のこの部分を読み、すべての図書館にたいする侮辱と解釈して激怒、自分の図書館から第一巻を追放しようとして、整理が行き届いていないため職員にも第一巻を発見できないのでした。

なお、『麗しのオルタンス』のタイトルをそのまま店名とするお洒落なブックカフェが、現実のマレ地区に実在します。初めて訪れたときは村上春樹の『海辺のカフカ』をプッシュしていました。

私がブラダマンテ、ここにいるのよ!

イタロ・カルヴィーノ『不在の騎士』
Italo Calvino, *Il Cavaliere inesistente.*

シャルルマーニュの閲兵中、ひとりだけ冑の目庇《まびさし》を上げないアジルールフォという武将がいた。〈貴公が仕える王に面《おもて》を見せぬとは、どのようなわけか?〉と訊かれた騎士は答えた。〈なぜなら、わたくしは存在しないからでございます〉。〈アジルールフォはなお一瞬、ためらっているかのようであったが、やがてきっぱりとした、しかし落ちついた片手の動作で目庇をもちあげた。冑は空洞であった。虹色の羽根飾りを頂いたその真っ白い甲冑のなかには、誰も入ってはいなかったのだ〉。いっぽう同じシャルルマーニュ麾下のランバルド青年は、アジルールフォを尊敬している。青年は父ロッシリヨーネ侯爵の仇・イゾアッレ太守を討ったあと、敵に襲われたところを、謎の戦士に助けられる。その戦士の正体はブラダマンテという少女だった。ランバルドは彼女の面影を忘れられない。

そのブラダマンテはアジルールフォに憧れていて、そのことは軍のなかでは周知の事実となっている。これを知ってショックを受けるランバルド。アジルールフォは隊を離れ、異教の国王《スルタン》の妃にさせられようとした貴婦人ソフローニアを救出に向かう。いっぽうソフローニアの息子を自称するトリスモンドは、父なる聖杯の騎士たちを訪ねるのだった。

この物語を記述しているのは聖コロンバヌス修道会で書記係を務める尼僧テオドーラで、彼女は庵室でこれを書いています。〈私があのなかに混じっていたっておかしくはないでしょう、私と同じ身分の若殿がたや、少女も若党たちもいっしょの、愉しい野遊びの一行というわけだったりして。でも、私たちの聖らかな召命の生活が、はかないこの世の歓びよりも、何かしら後に残るものを大事にするよう命じるのです〉。

最終章、書き続けるテオドーラの耳に、修道院の門を叩くランバルドの声が聞こえます。〈もーし、御親切な修道尼の方々、もーし、お聴きください!〉その瞬間、語るテオドーラの世界と語られるランバルドの世界が地続きになります。

二〇世紀小説の最重要部分がメタフィクションだとするなら、イタロ・カルヴィーノの『不在の騎士』(一九五九)はその戦略を恋愛ロマンスと融合した、もっとも幸福な二〇世紀小説のひとつということができましょう。実験的・遊戯的作風で知られるカルヴィーノですが、本作にせよ『冬の夜ひとりの旅人が』にせよ、結局は人生について考えさせられる小説で、やはり人間臭いイタリア小説の流れを汲んでいる作家なのです。

夜の風よ、香気をふくんだ風。
あたしの燃えてる額を冷やしてください！

グスターボ・アドルフォ・ベッケル『地霊』
Gustavo Adolfo Bécquer, *El Gnomo.*

娘たちが水の入った壺を頭に載せて泉から帰ってくると、教会の表口にグレゴリオ爺さんが坐っていた。娘たちは爺さんにお話をせがむ。爺さんはにこにこ笑いながら、モンカーヨ山に棲む地の精霊にまつわるできごとを語りはじめる。山の地霊は宝石や鉱脈、イスラム教徒がキリスト教徒に追われたときに隠していった金銀財宝といった地中の宝の番人で、地底深くに棲んでいる。地下道という地下道を知悉しており、甘言を弄して若い娘の心に取り入り、娘を操るという。何年も前、群れを離れた獣を追ってひとりの牧人が洞窟に迷いこみ、洞窟の奥の広間で財宝の山と、それを守る地霊どもを目にした。ふと聞こえてきた教会の鐘の音を耳にして盗掘の誘惑に打ち克った牧人は、憔悴しきって村に戻ったあと、見たものを報告して間もなく絶命した。地霊たちはときどき、泉の水に金粉を混ぜて、人々を破滅へと誘うのだという。

カールした黒髪を持つ二〇歳ほどのマルタと、まだ一六にもならない金髪の妹マグダレーナは、爺さんの話をほんとうのことだと信じる。情熱的な姉と慎み深い妹は、ふたりして同じ青年に恋していた。老婆たちの語るもうひとつの言い伝えがあった。イスラム教徒と戦争中のアラゴン王に、ひとりの牧女がモンカーヨ山の地下道を教え、そこの金銀財宝を提供した。牧女は国境の領地を与えられ、王の寵臣のひとりと結婚したという。

ある晩、マルタとマグダレーナはたがいに知られぬようそっと家を抜け出し、森へと向かった。姉マルタには水の声が、〈おまえの足に口づけしてあげよう。乙女よ！……耳を澄ましなさい。わたしのせせらぎは、言葉なのだよ〉と話しかける。妹マグダレーナには風の声が、〈優しい少女。頭をあげなさい。おまえの額に接吻させておくれ。おまえの髪の毛をひらひらと吹いてあげる〉と誘いの言葉をかけてくる。姉は水に財宝の手がかりを、妹は風に天使の救いの手を見る。そして鬼火に似た光の小人が姿を現す——。

マグダレーナは蒼白になって村に帰ってきた。マルタは帰ってこなかった。泉の縁で、マルタの水壺が壊れているのが見つかった。以来、娘たちがひとりで水汲みに行くことはない。夜になると、泉に閉じこめられたマルタの泣き声が聞こえるとも言われるけれど、どこまで信用できるだろうか。それからというもの、夜にその音を聞きに泉へと近づくものなど、いないはずだから。

『地霊』(一八六三)は、スペインの詩人グスターボ・アドルフォ・ベッケルの短篇群のひとつ。彼の短篇の多くは、伝説を題材とし、スペインの各地を舞台としたもので、読めばかの地への憧れをかき立てられるばかりです。

文學少女の二冊目の手帖2

書店の棚におけるレディースとメンズ。

今回の二冊目では男性作者率がぐっと上がって半分強となっていますが、『文藝ガーリッシュ』の一冊目で取り上げた六九作品のうち、男性作家の手になるものはわずかに十数作でした。

私はなにも、女性作家が軽視されてきたことに憤慨して、正しく評価されるべきだと声を上げたかったのではありません。

また、とくに男性読者に読まれる・論じられることが少なかった昭和初期の少女小説のたぐいを、ジャンルとしてことさらに持ち上げようというのでもありません。

だって、作者が女だろうが男だろうが、退屈な本は退屈だし、素敵な本は素敵なのですから。

そしてほんとうのところはというと、どんな本であれ、男の問題とか女の問題とかで片づけてしまいたくないし、それで片づいてしまう本だとしたら、そんな退屈な本は最初から読みたくないのでした。

それでも書店に行けば、翻訳以外の文芸書はしばしば、女性作家と男性作家とに分けて並べられています。エッセイなども、「女性エッセイ」と「男性エッセイ」とに分けられていることがある。ちょうどデパートのフロアが婦人服と紳士服とに分けられているように。

性別で棚を変えるということは、読者が作者の性別にこだわって本を買うということをあらわしています。

「女性作家が書いたものを読みたい」

「男性作家が書いたものを読みたい」

という選択基準が、市場に存在するということでしょう。

もっと言うと
「退屈でもいいから、自分と同じ性別の作者が書いたものを読みたい」

という話かもしれません。

たしかに、女性読者が女性作家の書いたもののほうを読みたいと思うケースは多いように思われます。じっさい、書店の「女性作家」の棚には、作者も女性、主人公も女性、読者もたぶん女性、という本が大量に並んでいます。

けれどもむしろ、男性読者が男性作家の書いたものを読みたいこと――あるいは女性作家の書いたものを読みたいと思わないこと――のほうが、多いのかもしれません。

データはありませんが、女性読者が男性作家の本を読むことより、男性読者が女性作家の本を読むことのほうが、少ないという印象があります。

多くの男性読者が、女性作家にたいしてなぜか心を閉ざしているのでしょうか。それとも多くの女性作家が男性読者を相手にせず、はっきりと女性読者をターゲットにしているのでしょうか。

数年前、私が町なかの古書店で、『川上澄生全集』（中公文庫）を買おうとしているとき、偶然、ある男性と言葉を交わすことになりました。

彼が私にくれた名刺には、私もその名を知っている人気「女性作家」の名前がありました。

「男性だったのですか」

と訝る私に、彼は——あるいは「彼女」は——表情を変えずに答えました。

「ええ。編集者には周知のことですが」

古書店の店主は「彼女」と親しいらしく、私たちはしばらく、本についてとりとめのない話をしていました。

「彼女」のポートレイトと称する顔写真を、ウェブ上で見たことがあるんだけどなあ（どう見ても女性でした）。私は一杯喰わされたのでしょうか。「彼女」と店主に、うまいことかつがれてしまったのでしょうか。いまとなってはなんとも言えません。

「彼女」の作品は何度もTVドラマ化されているばかりか、女性作家の作品を集めたアンソロジーにも収められているのです。

　ところで、私はロンドンやパリで二十数軒の書店にはいったのですが、著者を性別で分けてべつの棚に置いている書店を、いまのところ見たことがありません。作者の性別とは無関係に、アルファベット順に並んでいるだけです。素敵なことだと思いませんか？

Ⅲ

夏は必ず行ってしまう。

夏まで生きてゐようと思つた。

太宰 治

安易なことを考えるのは快いと自分に言い聞かせた。夏だもの。

フランソワーズ・サガン『悲しみよ　こんにちは』
Françoise Sagan, *Bonjour Tristesse.*

一七歳のセシルと、彼女の素敵な父親レエモン。ふたりは同種の人間、楽しいことが大好きで怠けもの、お上品な建前の世界なんか退屈でしょうがないのです。

母はもうとうにこの世にいません。パパは少し太りはじめてはいるけれど、相変わらずハンサムで、根っからの道楽ものです。ガールフレンドと半年続かないなんてことはしょっちゅうなのだ。

その夏は、恋人のエルザと娘のセシルを連れて、地中海の貸し別荘で優雅な夏休みを送っていました。このエルザというのがまた、ちょっと足りないところなんかもあったりするのがご愛嬌。そしてセシルにも、大学生のシリルというボーイフレンドができます。

〈最初の日々は眩いばかりだった〉。だって、この自堕落な楽しい日々が、いつまでも続くと思っていたのだもの。

そこに、知的で垢抜けた大人の女性・アンヌが登場します。彼女は亡き母のむかしからの友だちで、セシルたちとは正反対の陣営に所属しています。言ってみれば非の打ちどころを見つけるのに苦労する、そんな人間。

セシルも当初はアンヌに魅力を感じ、心を開こうとしていました。しかしだんだんとアンヌが「敵陣営」の人間であることがわかってきます。シリルとの交際に文句をつけたり、勉強しろと言ってみたり、どんどん口出ししてきて、しかもこっちとしてはなかなか言い返せない。こういうのって、なんか違う。

そしてそのアンヌに、こともあろうにレエモンはどんどん心惹かれていき、本気で結婚しようと考え出したらしいのです。そんなこと、あってはならないのに……。

セシルはエルザとシリルとを抱きこむ形で、アンヌを排除し、この甘い生活が終わらないように、守り通そうとする――〈私はすでにアンヌをこそ不憫に思いはじめていたのだ。あたかも彼女に打勝つことが確かなことであるかのように……〉。

レコードがなり立てるノイジーなジャズ。紙巻煙草があげる煙。フランソワーズ・サガンが一八歳で書いたデビュー作『悲しみよ こんにちは』(一九五四)は、むしろ地中海の真夏の太陽の下でこそ、室内の暗さが引き立つのだということを教えてくれます。

この小説をはじめて読んだとき、私はシモーヌ・ド・ボーヴォワールの傑作『招かれた女』（一九四三）を思い出しました。これはもっとシンプルな、フランソワーズとピエールとグザヴィエールの三角関係のお話で、フランソワーズがグザヴィエールを追い詰めていくエンディングは壮絶かつガーリッシュです。『悲しみよこんにちは』よりはおセンチ成分が少なめ。

ヴァカンスという美しい風習を持つフランスにせよ、慌ただしい日本の夏休みにせよ、夏というのは「楽しい」ということが建前となる、恐ろしい季節。楽しんでいないことが見抜かれようものなら、とたんにダメ人間あつかいされてしまいそうなプレッシャーを感じます。「夏休みがあるから夏が好き」、と考えるか、それとも「夏なんて大嫌い。せめてこれで休みがなくちゃやってられない」と考えるか。これってもうほとんど紙一重なのではないでしょうか。そんな罪作りな夏のお話を、この章では集めてみました。

わたし、あと戻りしてもう一度
子供になれたらいいな、って思っているの。

コレット『青い麦』
Colette, *Le Blé en herbe.*

夏は、女の子にばかり物語を用意してくれるわけではありません。男の子もまた、夏に甘やかされたり、試練を与えられたりして、その姿を変えていくもの。そして、そのそばにいるだけで、女の子のほうがさらに化学変化を起こしてしまうことだってあるのです。

コレットの文章は、嫉妬や嫉妬の不在を描くときに冴え渡ります。「束縛しあわない関係」をめぐって展開する『シェリ』の物語は、前項で触れたボーヴォワールの『招かれた女』を先取りしていて、あまりに残酷ですし（続篇『シェリの最後』もべつの意味で救われない）、『牝猫』は谷崎潤一郎の『猫と庄造と二人のをんな』や倉橋由美子の『恋人同士』と並んで、女をさしおいて猫が男の愛を独占してしまう話。

コレットが、そんな大人の世界を描くのでなく、大人の世界を前にしてとまどう少年少女を題材にしたスタンダードナンバーが、この『青い麦』（一九二三）なのでした。

こちらの舞台は夏の地中海ではなく、夏が去った九月の大西洋、ブルターニュの海岸です。〈ヴァンカが十五歳半になったから、彼は十六歳半になる〉。フィルことフィリップ・オードベール少年と、幼馴染みのガールフレンド、ヴァンカは、ヴァカンスを過ごしに来たそこで、魅力的な中年女性、ダルレイ夫人と出会うのです。

フィリップの心に生じた劇的な変化を、ヴァンカは敏感に感じ取ってしまいます。〈今までなら、彼が兄のような愛情を持つ恋人の横暴ぶりを発揮して、彼女を奴隷として取り扱ったはずなのに、近ごろ妙にやさしさを見せることに、ヴァンカは気づいていた。浮気をしてきた夫の心づかいが彼のうちにもしのびこんで、彼を疑わしい存在にしていたのだった〉。

そこで、ヴァンカはフィリップをなんとか引き止めたいと思います。そのために彼女がとった手段は、あまりに不器用で、読んでいて胸が締めつけられます。

ヴァンカが口にする〈わたし、あと戻りしてもう一度子供になれたらいいな、って思っているの〉という台詞は、もう引き返せない地点を通り過ぎつつあるという苦い自覚なしには出てこないフレーズでしょう。

それでもコレット自身は、少年少女の側ではなく、あくまで大人の世界に立っています。成長は、容赦なく若いふたりを襲うのです。この突き放した感じを前にすると、『青い麦』を感傷的な「青春小説」と呼ぶことが、なんとなくためらわれてしまうのでした。

ひとりで考えなければならない。知ろうとしているのは私だけである。

セバスチアン・ジャプリゾ『シンデレラの罠』
Sébastien Japrisot, *Piège pour Cendrillon.*

〈雑誌の写真にうつった長い髪のプリンセスと同様、二十歳になったドは、クリスマスごとに、フローレンスから、手縫いの舞踏靴を受けとった。きっとそのためだろうが、彼女は自分をシンデレラだと思っていた〉。

パリの病院で意識を取り戻したとき、〈私〉は記憶を失ってしまっていました。医師たちによれば、〈私〉の名はミシェール・イゾラ、年齢は二〇歳。けれど、ホテルの宿帳にうっかり〈ドメニカ・ロイ〉とサインしてしまったことから、〈私〉は、医師や身許引受人ジャンヌ・ミュルノに教えられた自分の素性に疑問を抱き、自分の正体を探るため、探偵となってみずからの身辺を調査しはじめます。

——むかしむかし、海のそばにある別荘に、女の子がふたりいました。〈ミ〉と〈ド〉です。ある日火事が起こります。ひとりは焼け死んでしまい、もうひとりは助かりました。いっぽうの娘が放火し、もうひとりの娘の遺産を奪おうとしたのです。

助かった娘は、死んだほうの娘の素性になりすますために、自分の手（指紋）と顔・髪の毛を焼いてしまいます。けれど彼女はショックのため意識不明となったのでした――。

さらに物語は遡ります。〈ミ〉と〈ド〉はパリで出会いました。愛される存在である〈ミ〉にたいして、〈ド〉は反撥を覚えながらも、彼女の魅力に惹きつけられていきます。自分も〈ミ〉になりたい、と思っていた〈ド〉は、ジャンヌと出会うことによって計画を具体化しようとするのですが――けれどこれもまた真実とはかぎらないのです。ひとつの視点から語られた、これまたひとつの「物語」に過ぎないのですから。

火事の現場に舞い戻ってきた〈私〉。そこに現れたのは、ジャンヌと〈ド〉の密談の電話を盗聴した、アルジェリア帰りの若い郵便局員セルジュ・レッポでした――。

アイデンティティ・クライシスを主題とした記憶喪失ミステリの古典、セバスチアン・ジャプリゾの『シンデレラの罠』（一九六二）のプロットを、正確に要約するのは難しいことです。アラン・ロブ＝グリエの初期傑作『消しゴム』がオイディプス神話を下敷きにしていたように、本作は灰被り姫《サンドリヨン》物語を、「信頼できない語り」によって解体・再構築しています。

果たして〈私〉は殺したくなるくらい「愛される子」だったのか、それとも人を殺したいほど「愛されたい子」だったのか。女子ならずとも切実なこの問いをめぐって、耳飾りや香水などのエレガントな小道具が随所に配置されています。

女の子には、ときどき、流れ去る時間を
こわいと思う一瞬が襲ってくるわ、

チェーザレ・パヴェーゼ『美しい夏』
Cesare Pavese, *La bella estate.*

一六歳のジーニアは、町のお針子。夜勤の配電工をやっている兄セヴェリーノとふたりで、アパートに暮らしている。ジーニアの生活は単調で、閉塞感に満ちている。ローザという同僚が友だちといえば友だちだけれど、ジーニアにはローザがなんだか子どもじみて退屈に思えてしまうのだ。ジーニアは、いつかこの息苦しい生活を抜け出すときがくるはずだと、美しいブレイクスルーの瞬間を夢見て働いている。

ふとしたことから知り合ったアメーリアは、三つほど年上の娘。いまは失業中で、画家たちのモデルをして生活している。画家志望の金髪の青年兵士グィードと知り合いだが、彼の前ではモデルをしたことはないという。

ジーニアから見るとアメーリアは、自分の知らない体験をしてきたらしいお姉さんだ。つまらない自分たちの生活とは違うなにかを、アメーリアが生きてきたように、ジーニアには思えるのだった。

アメーリアとグィードと知り合うことで、ジーニアはモデルの仕事をはじめたり、グィードの画家仲間ロドリゲスと出逢ったりする。——などと書くと、青春ものにありそうな、年長者による通過儀礼、成長儀式への誘《いざな》いの物語かと思われるかもしれません。けれど、アメーリアはその種の「誘惑者兼先輩」役を演じるには、彼女自身が心のなかにあまりに脆《もろ》いものを抱えこみすぎています。アメーリアだってまだ一九、二〇歳なのだから、当然なんですけれどね。

グィードへの思いと、アメーリアへの屈折した気持ちを持て余して、ジーニアは町をぐるぐる無駄に歩きます。決定的なブレイクスルーの瞬間はやってきません。結末のアメーリアとジーニアの会話は、ほとんど演歌的な遣《や》る瀬《せ》なさの域に達しています。

〈「あたしは嬉しいの、この春には病気が治るから。例のあなたのお医者さんが、何とか間に合ったって言ってくれたの。ねえ、ジーニア、映画へ行っても、あまり楽しいことないわね」

「あなたの好きなところへ行くわ」とジーニアが言った、「あたしをつれて行って」〉

チェーザレ・パヴェーゼのストレーガ賞受賞作『美しい夏』(一九四九)は、じっさいには〈美しい〉ばかりのお話ではないし、小説の季節も〈夏〉であるとはかぎりません。〈美しい夏〉とはなによりも、私たちの頭のなかにある、かけがえのない観念なのです。その〈美しい夏〉にはなにかが起こりそうな気配が漂っています。けれど私たちがどきどきするのは、「なにが起こるか」ではなく、「ほんとうになにかが起こってくれるのかどうか」なのではないでしょうか。少なくとも、私の一六歳の夏はそうでした。

素敵なドレス着てるんだから、
言葉遣いもやさしくして、おしとやかにしたら？

カーソン・マッカラーズ『夏の黄昏』
Carson McCullers, *The Member of the Wedding.*

〈この八月、フランキーは十二歳と十ヵ月になった。身長は五フィートと五・七五。〔…〕去年一年で四インチ伸びた計算だ〉。〈伸びたにしては肩幅が狭いし、脚はあんまり長すぎた。青いトランクスにビー・ヴィ・ディーのシャツ。足はいつも裸足だ。髪は男の子のように短く切ってしまい、それが伸びすぎているのに、分け目もろくについていない〉。

カーソン・マッカラーズの『夏の黄昏』（一九四六）は、一二歳のフランシス・アダムズと六歳の従弟ジョン・ヘンリ・ウェスト、そして三五歳の黒人の料理女ベレニス・セイディ・ブラウンの対話を中心に話が進みます。

アラスカで長らく兵役についていた兄ジャーヴィスが、婚約者ジャニスと結婚することになった。ここから一〇〇マイル離れたウィンターヒルで式が行われる。彼女は結婚式から帰らず、兄夫婦といっしょに暮らそうと決める。〈パパ、今言っておいた方がいいと思うんだけど、あたし結婚式が終わっても戻ってこないの〉。

フランキーはジャーヴィスやジャニスと同じようにジャで始まる名前がほしくて、勝手にF・ジャスミンと名乗ることにした。〈あたしをフランキーって呼ばないでよ!〉〈あたしの名前にはろくな意味はついてないわ〉と言うF・ジャスミンにベレニスは答える。〈さあ、そうとばかりも言えないよ〔…〕人がフランキー・アダムズという名前を聞いたら、こう思うだろうね……フランキーなら七学年のB課を終わったところだ。復活祭の時に金の卵を見つけた子だ。グローブ通りに住んでいて……〉〈でもどうでもいいことばかりじゃない〔…〕そうよ!何でもないことばかりよ。あたしには今まで事件なんかなかったもの〉〈でもこれから起きるよ。何か事件が〉。

兄の結婚式の前日、一張羅のピンクのオーガンディのドレスに黒いパンプスで出かけたF・ジャスミンは、彼女をうんと年上だと誤解した兵士にナンパされ、ホテルの部屋で襲われたところを相手の舌を噛み切って逃れます。帰宅して冷蔵庫のコンデンスミルクを六匙舐めて、口のなかの厭な味がようやく治まってくるのでした。

パートごとにフランキー→F・ジャスミン→フランシス、と地の文でのヒロインの呼びかたが変化するのが戦略的です。翌朝早く、水玉模様のドレスを着て、スーツケースを手に家を出たフランシスは、果たして無事に家族から脱出することができるでしょうか。人生のよき先輩であるベレニスと、結末に登場する二歳年上の親友メアリ・リトルジョンが印象的です。

ガーリッシュなのは本ではなく、あなたの読み。

ここで重大なお詫びと訂正を。

本書の母体となった、あなたへのお手紙——『文藝ガーリッシュ　お嬢さんの第二の本箱』——を《東京新聞》に連載していた二〇〇六年の一〇月末に、『文藝ガーリッシュ』の一冊目を刊行しました。そのさい私は、まえがきでこのように書きました。

> つい古本屋や喫茶店《カフェー》をハシゴしてしまう。たぶん、肺病で夭折した文學少女の霊に取憑かれてしまったんだと思う。
>
> 女子どうしだから解り合える、なんて嘘。女だからって、あんな女といっしょにしないでくれる？
>
> 《ダ・ヴィンチ》に載る十冊の話題の新刊より、《彷書月刊》で紹介された一冊の古本。
>
> 日本の書店で小説の棚が作者の性別で分けられてる意味がわからない。
>
> 「等身大」「本音」「自分探し」のたぐいの言葉が苦手。
>
> 「ミステリ」とか「ファンタジー」「ＳＦ」といった既存の特定ジャンルが好きなのではなく、一冊一冊の小説が好き。
>
> 「若い女性に人気」と言われている本が、

「いつまでも少女でいたい自分を肯定する
F1層《おばさん》の文学」にしか見えない。

　ある日悪い宇宙人が攻めてきて怪光線を放射し、日本の識字率が三〇パーセントになってしまっても、自分は文盲にならないという根拠のない自信がある。

「オチ」のある小説は退屈。

　自分が本好きだってことを言うときに、「活字中毒」「乱読」などの高校の文芸部臭い常套句を臆面もなく使うことができない。

　――文藝ガーリッシュはそんな、志は高く心は狭い文化系小娘《フィエット》のためのジャンルです。

問題は〈ジャンル〉という言葉にあります。

この文章を書きながら私は、「ほんとはジャンルじゃないんだよなあ文藝ガーリッシュは……」と思っていたのです。

あのとき私は、こう書くつもりでした。

文藝ガーリッシュはジャンルではありません。

文藝ガーリッシュは読書のスタイルなのです。

しかし、思い悩んだ末に、ジャンルということにしてしまいました。

なぜそんな、思ってもいないことを書いてしまったのか。ブックガイドを作る以上、話をわかりやすくしたほうがいいだろうと思って、無理やりジャンルということにしてしまったのです。正直言ってこれは、あなたをどこかで完全に信頼しきっていなかったということになります。たいへん失礼いたしました。ごめんなさい。

　文藝ガーリッシュとは、読みのスタイルです。

誇り高く、志も高く、しかし心は狭い。おもしろいものは、天から降ってくるのを待つのではない。自分で獲りに行く。ひょっとすると、こう書いている私にも実現不可能かもしれない読みのスタイル。それを文藝ガーリッシュと呼びたくなった。そしてそう命名してしまったのです。

ジャンルではなくスタイルである、とはどういうことか。

前回の『文藝ガーリッシュ』でも、今回の『文藝ガーリッシュ　舶来篇』でも、取り上げている作品の大半は、

・お嬢さんが主人公である作品
・作品の内容がお嬢さんお嬢さんしている作品
・お嬢さんの自意識問題をあつかった作品

といったものでした。

もし文藝ガーリッシュをこういうふうに定義したとしたら、あの小説も抜けている、この作品も取り上げていない、なぜあの物件がリストアップされていないのか、というような意見が、たくさん出てしかるべきでした。

しかし文藝ガーリッシュがジャンルではなく読書のスタイルだとすると、右に挙げた三つの特徴はある意味、どうでもいいのです。

結果だけを見ると、本書で取り上げた本も、ほとんどが女子を主人公にしています。けれども、それはあくまでちょっとした偏りに過ぎません。これらの本がガーリッシュな読みを誘うのは、作者や主人公の性別とは必ずしも関係ないのだと、私は思っています。

Ⅳ 結婚の毒と蜜。

私の業績の中で最も輝かしいことは、
妻を説得して私との結婚に同意させたことである。
チャーチル

こんな美しい景色を前にして、なぜぬかるみのことなんか考えるの？

ジェイン・オースティン『高慢と偏見』『分別と多感』

Jane Austen, Pride and Prejudice, Sense and Sensibility.

ジェイン・オースティンの六篇の長篇小説——執筆順ではなく刊行順に、『分別と多感』（一八一一）、『高慢と偏見』（一八一三）、『マンスフィールド・パーク』（一八一四）、『エマ』（一八一六）、『ノーサンガー・アベイ』（一八一七）、『説得』（一八一八）——を、好きな順に並べてみてください。

こんどはそれぞれのヒロイン——エリナー・ダッシュウッド（一九）、エリザベス・ベネット（二〇）、ファニー・プライス（一八）、エマ・ウッドハウス（二一）、キャサリン・モーランド（一七）、アン・エリオット（二七）を好きな順に並べてみます。これ、文学好きの人ならやったことある人、かなり多いのではないかしら。

不思議でもなんでもないことですが、小説の好感度とヒロインの好感度とが、必ずしも一致しません。私のばあい、たまたま『ノーサンガー・アベイ』(本書一六〇頁参照)とその主人公キャサリンが「作品賞」「主演女優賞」の両部門で文句なしの一位を独占したものの、そのあとの並びはみごとにバラバラでした。

それにしても、なんと高水準なランキングでしょう。ほんとうは全作品、本書で取り上げてもいいくらい。六位にしたヒロインだって、やっぱり大好きなのですもの。

キャサリンとエマは、オースティンのヒロインのなかでは「ちょいおバカ」系で、でももちろん小説の最後には、人生からいろんなことを学んで、素敵なレディへの階段を一段も二段も昇ります。そのあたりは『ノーサンガー・アベイ』の項でちょっと書きますので、ここでは「賢い」系ヒロインについて書こうと思います。

『分別と多感』のエリナーは、ファニーやアン同様、「忍」の一字を肚《はら》に仕込んでいると同時に、エリザベスと同じような鼻っ柱の強さも持っています。オースティン界最強ヒロインで、ちょっと怖いくらいです。『高慢と偏見』のエリザベスは彼女に比べると、なにかと勘違いをしてしまうあたりに、エマやキャサリンの愛嬌が片鱗程度ですが見えます。

ちなみにエリナーの妹マリアンやエリザベスの妹キティは「かなりおバカ」に書かれている。作者の意地悪い視線がちくちくして気持ちいいですね(でもマリアンも悪い子じゃないんだよ!)。

オースティンの小説はたいてい、英国の田舎を舞台として、お金の話と結婚の話だけで読者をぐいぐい引っ張っていきます。作中、人生の大きな、あるいは小さな選択を迫られるたびに、エリナーやファニーはほとんど間違えませんし、アンは遠回りを強いられますし、エリザベスはちょっと間違えますし、キャサリンとエマは何度も失敗します。けれど、最終的に正しい選択――しかるべき男に手を「取らせる」――をするのでした。

何度も読んで、内容をよく知っているのに、新しい訳が出るたびにまた新鮮な気持ちで読めてしまう。なんなんでしょうね、この魔力は。

魔力といえば、『分別と多感』のライヴァルキャラであるルーシーなんて、美人なんだけど清潔感ゼロ、なんだか角田光代の小説に三人称で出てきそうな無気味な女ですし、男性陣や年長者など、脇役のキャラの立ちかたも尋常ではない。谷崎潤一郎の『細雪』を読んでもあきらかなように、結婚小説は恋愛小説の一〇〇倍スリリングなのです。

わたしを上品な女だなんて思うのもやめてください。

エドワード・M・フォースター『天使も踏むを恐れるところ』
Edward M. Forster, *Where Angels Fear to Tread.*

田舎町のアッパーミドルクラスの生活を、愛情と皮肉をこめてコミカルに、しかし節度をもって描き出すのが、英国小説のもっとも輝かしい部分であるとするなら、ジェイン・オースティンの『高慢と偏見』からエリザベス・ギャスケルの『女だけの町（クランフォード）』を経てエドワード・モーガン・フォースターの第一長篇小説『天使も踏むを恐れるところ』（一九〇五）にいたる一連の作品こそ、飛び切りの読書体験を保証してくれる、もっともはずれの少ない小説群だということになりそうです。

物語はロンドン近郊にある平和な町ソーストンから始まります。三三歳の未亡人リリアは町の住民たちから浮きまくった、少々品位に欠ける奔放な美女。その性格も言動もヘリトン家にふさわしくないと反対された結婚だったこともあって、夫の死後は姑ヘリトン夫人との対立が再燃した。そして、亡夫の弟でイタリア通のフィリップ青年の紹介で、近所に住む〈まじめでかわいらしい〉しっかりもののお嬢さんキャロライン・アボットのイタリア行きに、娘アーマを姑に預けてついていくことになった。

知り合いだらけの生真面目で陰鬱な英国社会から、中世の面影が残るイタリア中部の町モンテリアーノに移ったリリアは思い切り羽を伸ばし、一〇歳年下の男前だが無職のイタリア平民ジーノ・カレッラと結婚してしまう。当然、姑は激怒。おまけに結婚生活はけっして幸福ではなく、最悪なことに、リリアは男の子を出産するとすぐに死んでしまった。

まだ小学生のアーマは母の死にショックを受けるが、やがて母の死よりも赤ん坊の〈弟〉ができたことのほうに気持ちが傾く。ヘリトン夫人は俄然男の子を家の養子に迎えると言い出し、〈あっぱれなお嬢さん〉キャロラインは、気乗りのしないフィリップ、その姉ハリエットとともに、事態を収拾すべしという使命を帯びてふたたびイタリアを訪れる。そこで見たのは、赤ん坊を世話するジーノの、神々しいまでのパパぶりだった。

『高慢と偏見』から『天使も踏むを恐れるところ』へと続く名作群の主題は、「お嬢さんはいかにして愚行を免れるか」という問題にあるとも言えます。キャロラインはけっして派手でもロマンティックでもないけれど、地に足の着いた頼もしいキャラクターです。名訳者として知られる中野康司の文章を満喫できるという意味でも、文字どおりおいしい小説であることに間違いありません。

たとえ神様に足首を押えられても、もう怖くない。

クレール・ガロワ『白い糸で縫われた少女』
Claire Gallois, *Une Fille cousue de fil blanc.*

クレール・ガロワ『白い糸で縫われた少女』（一九六九）の〈私〉の年齢は、兄弟姉妹との年齢差を考慮すると、一三歳といったところでしょうか。五人の兄弟姉妹――クレール、ヴァレリー、オリヴィエ、シャルルと〈私〉――は、〈十五歳になるまでは、誰も食卓では声を上げてはいけないことになっている〉という厳しいアッパーミドルクラスの家庭で育てられてきました。

七月のある日曜。いつもきらきら輝いていた姉・クレールが、自転車に乗っていてシヴォレーに撥ねられ、即死してしまう。クレールはアランとの結婚式を二週間後に控えていた。事故以後の家族の生活を冷静に記述しつつ、〈私〉はクレールの思い出をそこに挟みこんでいく。たとえば――死の直前、〈私〉が寄宿学校から帰ってきたとき、クレールは〈長いまつげのお人形のように目をぱちぱちさせて〉、妹がその学期中で四センチも背が伸びたことへの驚きを露わにした。

夏休み、家族たちはブルターニュにあるアランの家に招かれる。みんなの頭がクレールの死でいっぱいなのに、だれも彼女の話題を出すものはいない。そんなぴりぴりしたヴァカンスのある朝、クレール宛の手紙が家から転送されてきた。発信地はペルー。手紙を開封していいのだろうか？家族に緊張が走る。

終盤に置かれた謎解きはややありがちな展開で、些か興醒めですが、この小説の魅力はなんといっても、現実にたいする語り手の少女の落ち着いた距離感でしょう。

新学期に〈私〉は寄宿舎に戻り、シスターたちとの日々がふたたび始まる。一二月の雨の日、ベッドで『白鯨』を読んでいた〈私〉を、ルームメイトのカロリーヌが興奮して呼びに来る。〈男のひとがあなたを待っているわよ。本物のよ、誓ってもいいわ〉。訪問者はエクレアを差し入れに来たアランで、〈私〉はアランと車のなかで話をする。アランは〈喜んでくれるといいけど、ヴァレリーと結婚することになった〉。〈私〉は車の窓を開け、顔に冬の雨を受ける。〈私はそれらの滴を舌で捕まえた。／「私、雨が大好き」／そして微笑を浮べた。この冷たい雨は世界中に降っていた。ペルーに、アラスカに、オーストラリアに〉。アランは人差し指で〈私〉の顎を持ち上げ、笑って囁く。〈あのね、君がもっと大きかったら、君と結婚するかもしれなかったよ〉。

寄宿舎の玄関で待ち構えていたカロリーヌは、〈私〉を見るやいなや急《せ》きこんで、なんの話だったかを尋ねる。〈私〉はさっと身をかわし、答えるのでした。

〈面白いことなんか何もないわよ、〔…〕もひとり私と結婚したいっていう男よ、それだけのこと〉。

彼とマリアほどに、
互いにふさわしい二人の人間がいるものではない。

アーダルベルト・シュティフター『二人の姉妹』
Adalbert Stifter, *Zwei Schwestern.*

オットーはウィーンで就職活動中、同宿の陰気な黒服の男フランツ・リカールと親しくなる。ふたりはある日偶然入った劇場で、天才少女ヴァイオリンデュオ・ミラノロ姉妹の素晴しい演奏を聴く。演奏終了後、リカールが柄にもなく涙を滂沱と流し、〈ああ、おまえは哀れな父親だ〉と叫ぶのを見てオットーは驚く。のちにリカールはイタリア寄りの南チロルはメラーンへと帰り、就職に失敗したオットーは、失恋の痛手もあって、伯母が残した地所「誠の喜び《トロイルスト》」で裕福な独身の田舎暮らしをする。

数年後、メラーンの町からさらに辺鄙な山のなかの家にリカールを訪れたオットーは、その晩にテレサ・ミラノロを思わせるヴァイオリンの音を耳にした。翌日リカールの美しい娘カミラに、多くの植物が生い茂る、豪華ではないけれど心地よく手入れの行き届いた庭を案内され、妻ヴィクトーリアともうひとりの娘マリアに紹介される。

リカールはオットーにここ数年の話をする。裕福だったリカールは当時、遠い親戚との間で裁判が持ち上がり、ウィーンにまで移された決定は、リカールの負けとなった。失意のうちにメラーンに帰り、家財道具一切を売り払ったリカール家。母はカミラの演奏の腕をお金に変えることを提案するが、蒼ざめたカミラはそれを拒否した。一家を救ったのは、当時一七歳のマリアだった。マリアは農業・園芸について勉強し、近隣の若い農場主アルフレート・ムサールと協力して、荒地に水を引き、肥沃な土地に変えていって、いまの素敵な庭をも作ったのだった。過酷な農作業の結果、マリアの美貌は損なわれた。いっぽう妻は、カミラがヴァイオリン好きになった契機について語る。ミラノに住んでいたとき、教会の宗教音楽でこの楽器の音に打たれたカミラは、その天賦の才を発揮し、練習に打ちこみすぎて体を壊すほどになったのだという。

オットーの滞在中にアルフレートがパリ土産を持って訪れる。オットーは彼から、大地と植物にまつわる叡智に満ちた話を聞く。オットーはカミラがアルフレートに惹かれているのではないかと思う。アルフレートはマリアに求婚するが断られ、寂しく家を去る。マリアは、自分なら耐えられる、芸術に召されたカミラの繊細な心だったら耐えられなかっただろう、と言ってオットーの前で涙を見せる。トロイルストに戻って二年、ふたたびリカール家を訪れたオットーは、カミラがアルフレートと結婚したことを知る。

アーダルベルト・シュティフター『二人の姉妹』(一八四五)の語り手は、オットーのマリアへの求婚を予告して小説を締め括ります。

子供の頃に聞いたお伽噺から抜け出たみたい。

ギーゼラ・フォン・アルニム『雀の遺した書誌から』
Gisela von Arnim, *Aus den Papieren eines Spatzen.*

夏目漱石『吾輩は猫である』の〈吾輩〉は〈カーテル・ムルと云ふ見ず知らずの同族〉に言及していますが、〈吾輩は猫である〉という有名な書き出しはむしろ、同じくホフマンの『牡猫ムルの人生観』を意識したギーゼラ・フォン・アルニムのドタバタ恋愛メールヒェン『雀の遺した書誌から　朝のひとときのためのお話』（一八四六）の冒頭〈俺は灰色の雀である〉を思わせます。

浮世離れした老学者先生の家の窓辺で暮らす雀の〈俺〉。学者の令嬢は小柄なブロンドの美少女で、翼に怪我をして飛べなくなった〈俺〉を優しく保護してくれている。〈俺〉は、部屋にある茶色の古めかしい置時計の正体が黒森《シュヴァルツヴァルト》の邪悪な妖精であることを知った。一五〇年前に悪さをして、魔法使いに罰として木のなかに閉じこめられたまま、それを知らない人間に時計に加工されてしまったのだった。時計はお嬢さんに惚れていて、転寝《うたたね》している彼女に求婚を予告する。

あるとき〈俺〉は、学者の著作のページにインクで足跡をつけて先生の逆鱗に触れ、窓から墜落してしまう。〈俺〉が落ちた先は、お嬢さんと相思相愛になったばかりの貧しい大学生の帽子の上だった。

　ウマクヤレョ河畔フリコドマリのカッコウメザマシドケイ町在ヒモ氏なる富豪が学者の家に現れ、お嬢さんに求婚する。〈顔ときたらまんまる、まるっきり時計の文字盤そのもの。茶色でごわごわの髪の毛、ほかのところときたら姿恰好が奇妙なほど四角いんだ。茶色のフロックコートを着込んで、金の大きなボタンときてる。シャツの胸のあたりにはダイヤモンドのブローチ〉。鼠の〈顧問官夫人〉によれば、老教授が時計の螺子《ねじ》を巻くのに使う鍵が、床に落ちて見えないところに行ってしまい、螺子を巻かれなくなった時計が身の自由を得たのだった。令嬢は不本意な婚約を嘆き悲しむが、教授が娘と貧書生との結婚を許すはずなどない。ついに挙式当日がやってきた。邪悪な妖精をふたたび時計の姿に戻すには、人間に化けているヒモ氏の背中の小さな鍵穴に、例の鍵を差しこんで螺子を巻いてやればいいというのだが――。

　作者はドイツロマン派の落し子のような存在。『エジプトのイサベラ』のアヒム・フォン・アルニムと『ゴッケル物語』『カスペルとアンネル』のクレメンス・ブレンターノというふたりの作家が編んだ童謡集『少年の魔法の角笛』はあまりに有名ですが、なにしろギーゼラの父はアヒム、母はブレンターノの妹で『ゲーテとある子供との往復書翰』で知られるベッティーナ（ミラン・クンデラの『不滅』ではかなり損な役回りで出てきましたっけ）、そして義父（舅）はヴィルヘルム・グリム（グリム兄弟の弟のほう）なのですから。

文學少女の二冊目の手帖4

ガーリッシュな読書には、ひと手間よぶんにかかる。

パッケージングがすでに完了してしまっている作品には、「この作品の読みどころはここですよ」ということを明示する折り紙がついている。

これはいわば、「私をこう読んでね」という親切設計なガイドラインです。

パッケージングされた商品というのはなにぶんにも夾雑物が少ない。無駄がない。効率よく感動したり怖がったりできるようになっている。というよりも話は逆で、最初からノイズを発生させないように作られている作品だけが、パッケージングされ、レーベル化される。

ガイドラインは、ミステリなら「どんでん返しがありますよ」「驚けますよ」、ホラーなら「怖いですよ」、その他「泣けますよ」「萌えますよ」「異世界の話ですよ」などなど。読者はそれらの作品を前にして、どのようにリアクションすればいいのか、前もってわかっている。

ほんとうに驚けるか、怖いか、萌えるか、泣けるか、といった結果は、もちろん必ずしも保証されていないけれど、そのパッケージングを受け入れた作品が「驚ける」「怖い」「萌える」「泣ける」ことを目的とした商品であることは保証されている。

だから、読んでみて驚けなかったら、怖くなかったら、萌えなかったら、泣けなかったら、それを理由に「ダメな作品だ」と言い切ってしまっても許される。

こういう読みはとても安心です。最小限の作業で、目的とする物件に手を伸ばすことができる。効率がよくて、結果の判定が白黒はっきりしていて。「目的意識」とやらに支えられたこういう読書は、とても男の子っぽい読書だと思うのです。なにしろ男子ときたら「結果が大事」な人たちだし、商品のパッケージやレーベルを真に受けがちな、素直な生きものなのですから。

そして、最初から結果がわかっている安心な読書は、いつしか消化試合のような読書になってしまいがち。――「退屈でもいいから、ミステリを読みたい」という感じの。

「女子の問題があつかわれていますよ」もそういう親切設計なガイドラインのひとつです。

女子の自意識問題を論じるときに必ず引き合いに出されるお決まりの王道物件、というものがあります。

『赤毛のアン』に代表される北米少女小説。「二四年組」以降の少女漫画。集英社コバルト文庫に端を発する女子向け「ジュニア小説」「ジュヴナイル」「ライトノベル」。斎藤美奈子が命名した「L文学」。フランチェスカ・リア・ブロックなどの翻訳ヤングアダルト小説。

こういった物件は、女子向け商品としてパッケージングされています。

手を伸ばす前から、そこに女子の問題が描かれているのだよと、もう答えが出てしまっている。

どの部分に反応（感動）すべきかということが、本文のなかや表紙に書いてある。女子の問題がそこにあると知って、安心して手を伸ばすことができる。

「女子向け」レーベルからリリースされる作品にこそ女子の問題は描かれている、と信じている読者がいるとしたら、その人は男であっても女であっても、男の子っぽい《ガーリッシュじゃない》読者なのです。

主人公がお嬢さんであるかどうかと、ガーリッシュな読みに誘ってくれるかどうかとは無関係だと、前章で書きました。

ということは、お嬢さんが主人公で、若い女性を読者とする小説でも、ガーリッシュな読みに誘ってくれないもののほうが多い。

逆に言うなら、男子が主人公でも（前回の『文藝ガーリッシュ』だと小沼丹『風光る丘』や藤野千夜『少年と少女のポルカ』）、老夫婦が主人公でも（取り上げなかったけれど、庄野潤三の諸作のように）、ガーリッシュな読みを誘発する作品というものは、いくらでもあるのです（だから、文藝ガーリッシュをジャンルだと言ってしまった私は、これらの作品を皮肉にもパッケージングしてしまったのかもしれません）。

ガーリッシュな読書とは、パッケージに任せないで「ひと手間かける」読書。ほっといても自分のほうにやってきてくれるおもしろいものを待つのではなく、こっちから獲りに行くこの感じ、わかっていただけますでしょうか。

V

綺想ガーリッシュ。

命令されてする遊び、そんなものはもう遊びではない。

ホイジンガ

彼らは、みんな、恋がしたくてしょうがないんだ……

ボリス・ヴィアン『うたかたの日々』
Boris Vian, *L'Écume des jours.*

ガーリッシュな想像力に彩られた、不可思議な世界の物語。西洋文学にはそんな素敵な一群の作品があります。

ブロンドの髪を持つ裕福で将来有望な二二歳のコランは、曲を演奏するとその和音に従ってカクテルを作ってくれるピアノを製作した。彼は新しい料理人《キュイジニエ》のニコラの作った料理を、哲学者ジャン＝ソル・パルトルのファンである同い年の貧乏な友人シックに振る舞う。シックの恋人は、天才シェフ、ニコラの姪アリーズだ。コランの友だちでアリーズと同じ一八歳の娘イジスは、コランに彼のお気に入りの曲と同じ名を持つ、青い目のクロエを紹介する。〈こんにちは……君、デューク・エリントンにアレンジされたんじゃないの〉と尋ねてしまい、ああバカなこと訊いちゃったとコランは後悔してしまう。

ふたりはあっという間に恋に落ち、あっという間に結婚する。シックはパルトルに夢中になるあまり、パルトルの著作・草稿の蒐集やイヴェントへの参加などに金をつぎこみ、アリーズを困惑させる。イジスはハンサムなニコラが気になってしょうがない。

クロエとコランの幸福は長く続かなかった。クロエが肺のなかに睡蓮が咲いてしまう奇病に罹ってしまったのだ。肺のなかの睡蓮を怖がらせるために、いつでもたくさんの花で彼女を取り囲んでいなければならない。

女の子の肺のなかの花を脅しつけるために、部屋を花で埋めつくすなんて、なんと美しく、なんとスキートな光景でしょう。この不可思議な病気という想像力の系譜は、川端康成の『たんぽぽ』や小川洋子のいくつかの作品へとつながっていくのですが、それはまたべつのお話たち。

クロエとコラン、ふたりの幸福が磨《す》り減っていくにつれて、ふたりの部屋は形を変え、小さくなっていく。〈電気の光はもう瀕死なのよ。壁はせばまってきているわ〉。ついには天井がほとんど床とくっつきそうになる。困窮したコランはついにピアノカクテルを売りに出し、体温で銃身を栽培する仕事や金の貯蔵庫の番人といった職を転々とするのでした。

シックはパルトルの本に読み耽っていて仕事でミスをし、工場を解雇される。コランに貰った結婚資金はコレクションにつぎこんでしまった。彼はパルトルのトークが入ったレコードをツインターンテーブルで同時にかけてマッシュアップしながら、パルトルの思想のなかに入りこんでいく。アリーズは執筆中のパルトルに近づき、殺人器具「心臓抜き」で哲学者の心臓を抜いて殺し、著作を燃やし、本屋をも「心臓抜き」で襲う。シックもまた差し押えに来た警官隊に殺されてしまう。不幸のある一日前に関係者にそれを報せに行く仕事――高橋源一郎の『さようなら、ギャングたち』や間瀬元朗の『イキガミ』を思わせます――をしていたコランは、訪問先名簿に自分の名を発見し、明日に迫ったクロエの死を知るのだった。

ボリス・ヴィアン『うたかたの日々』(一九四六)は、ブローティガンやドナルド・バーセルミや高橋源一郎といったいわゆる「ポップ文学」のルーツでしょう。サンジェルマンデプレが世界のどこよりも輝いていた時代の、乱痴気騒ぎから生まれた泡のような夢想。お気に召したら最高傑作『北京の秋』をぜひご賞味ください。

なんて素敵な潜水艦でしょう！　頭がよさそうよ！

ピエール・マッコルラン『恋する潜水艦』

Pierre Mac Orlan, *U-713 ou Les Gentilshommes d'infortune.*

さきほど、『うたかたの日々』のボリス・ヴィアンを世に言う「ポップ文学」（というのももはやとうに死語ですが）の先駆として位置づけましたけれど、そのヴィアンや本書冒頭に登場したレーモン・クノーらがリスペクトしている作家が、ピエール・マッコルランです。第一次世界大戦中に発表された『恋する潜水艦』（一九一七）は、いち早く「戦後（アプレゲール）」の反リアリズム小説を先取りした空想科学ファンタジーと言えましょう。

最先端科学の知が結集する港町ハンブルクから、〈数千トンにもなる巨大な宝石ともいうべき潜水艦〉、二〇世紀テクノロジーの粋を集めた七一三号が出航する。〈黒の制服をりゅうと着こなし、海軍の偉大なる伝統にはじないダンディぶり、髭剃りあとも青い頬〉をしている艦長の超人カール大佐は、T元帥閣下の命を受け、ベレー帽を被った有能な乗組員たちを従え、意気揚々と出発しました。

副長ペーター・ミネルヴァはこの航海に参加するために、愛するタイプライターのアンナと別れてきた。〈当時、帝国の産業都市では、人間と機械間の婚姻が定着していた〉。おそろしく遠目の利くやせっぽちの見張番フリッツ、守衛の予備役水兵ガンマなど三〇人ばかりの乗組員に混じって、ソンムの戦いで両足を失った楽士のハンスもいた。楽士を乗せるのは〈海賊の伝統〉にのっとってのことだった。

〈七一三号は海上を進んだ。魚が波に身を躍らせ、うっとりするようなきらめきを見せながら波に飲み込まれてゆく〉。ハンマースリコギ魚、スイトリガミ魚、リノリウムタジュウウロコ魚など、学校では教えてくれない奇妙な深海魚たちの世界を、七一三号は崇高な使命を帯びて、ガソリンを食べながら進む。

一九一七年三月、一行は異国情緒溢れる瀟洒な町・マラカイボに寄港した。翌日、町のお歴々に混じって潜水艦見物にやってきた別嬪の白人娘アドラータは、その威容に感動する。〈七一三号が自惚れでいっぱいに膨らんでいるのは確かだった〉。船長は潜水艦に恋を諦めさせようとするが、〈七一三号はマラカイボからの出航を望んでいない。ベネズエラおよびベネズエラ女を愛しており、ベネズエラへの帰化を希望する〉と潜水艦は明確な意思を伝えてきた。潜水艦は艦長らを乗せたまま沈没してしまう。

その後ある日、モナコ王子のヨット「クィーン・アリス号」が、鋼鉄の鱗を持つ海亀や魚類を捕獲する。無生物と生物との融合は、のちの筒井康隆『虚航船団』の結末を思わせます。

私がお城の眠り姫になってあげるから、起しに来て。

マルセル・シュウォブ『モネルの書』
Marcel Schwob, *Le Livre de Monelle.*

砂や炭といった異物を食べるようになったマッジュは、医師の命令で、療法として田舎の風車小屋で過ごしている。年老いた物乞いが訪れ、飲みものを求めたが、マッジュは壁の漆喰を剝がして嚙みながら、パンならある、と答えた。パンなら持っていると物乞いが答えると、貧乏人は池で飲めばいいとマッジュは言い放ち、物乞いがポンプに身をかがめている間に頭陀袋から彼の黒パンを抜き取る。そして物乞いの死体の骨を粉にしてパンを捏ねることを夢想する（「倒錯的な娘」）。

「狼の口」と呼ばれる洞窟で少女ビュシェットは全身緑色の少女が泣いているのを見つけた。ビュシェットは彼女を家族のもとに連れ帰る。緑色の少女は人語を解さないが、見よう見まねで雑用や掃除、縫い物を覚えた。火を怖がり、小麦の粒と果物しか食べない。大きくなったビュシェットは、奉公に出たくなくて泣くようになった。とうとう奉公に出るという前夜、緑色の娘は扉を開け、〈ビュシェットの手を引いて未知の自由へと連れ出した〉（「野生の娘」）。

船乗りの恋人からの手紙が来ないので、ジャニーは金の指輪を嵌めて旅に出る。港に着いたが、彼の船は見つからない。宿では四人の女たちがジャニーを迎え、かわいがると、べつの小部屋で縫い物をしているマダムが微笑む。〈翌日、出て行くジャニーは左手のすべての指に結婚指輪をはめていた。恋人はとても遠いところにいたけれども、彼女は彼の心のなかに戻るために、その五つの金の指輪で彼の心をノックすることだろう〉（「忠実な娘」）。

農場で働くリリーとナンは金髪の笑い上戸。ある晩、就寝前に欠かさない小妖精《ピクシー》へのおまじないを忘れたナンは、両脚が麻痺して寝たきりになり、医者にも見放される。リリーはナンの脚を治すため、伝説のマンドジアーヌ王女を尋ねて世界を遍歴し、ついに〈奇妙に目の裂けた少年〉から〈マンドジアーヌ草〉を入手した。帰郷すると村はすっかり変わっていて、人に訊くとナンはずっと前に脚が治って結婚したという。リリーは自分が五〇歳になっていることを知り、疲れのあまり微笑みながら死んでしまう（「自分を犠牲にした娘」）。

マルセル・シュウォブ『モネルの書』（一八九四）は三部構成の連作短篇集で、ここではその第二部「モネルの姉妹」からいくつかご紹介してみました。「運命を負った娘」のイルセは単行本『文藝ガーリッシュ』でご紹介した福永武彦『鏡の中の少女』の五百木《いおぎ》麻里を思わせる、みずからの鏡像に嫉妬する娘です。フランス文学者でもある福永はこの作品集を読んでいたのでしょうか。

本能が、わたしの乙女の本能が、
きっと道を示してくれるのね！

ヴィトルド・ゴンブローヴィチ『純潔』
Witold Gombrowicz, *Dziewictwo.*

〈若い乙女の描写に使われる凝った比喩ほどわざとらしい表現はない。サクランボのような唇、バラの花にも似た胸——よしてくれ、果物や花ならお店で買えばいいではないか！　だいいち、ほんとうに唇が熟したサクランボの味ならば、愛する気など起こりはすまい〉。

中原昌也の『マリ&フィフィの虐殺ソングブック』を読んだとき、心底感嘆しながら、ヴィトルド・ゴンブローヴィチのことを思い出していました。のちにゴンブローヴィチの『トランス＝アトランティック』の日本語訳に中原さんが文を寄せていて、心強く思ったものです。短篇集『バカカイ』中の『純潔』（一九二八）は彼が初期の段階ですでにゴンブローヴィチだったことを示す一作。

退役少佐の娘アリツィアは、いかにも魅力的な肘を持つ娘。〈よその子と同じように、物思いに沈みながら、ときに肘を撫でることもあれば、よその子と同様に早くから砂場に脚を埋めることを身につけもした〉。カナリアのフィフィ、ドーベルマンのビビを友だちとして育った。

四年前、一七歳のとき、パヴェウ青年がアリツィアに求婚した。〈お嬢さん、そのお手てをぼくにいただけますか〉。〈片手を切ってくれって、そういう気じゃないんでしょ〉。求婚の慣用句を字義どおりに解した娘の無邪気さに、青年はくらくらする。自己にも結婚相手にも純潔を求める性格のパヴェウは、アリツィアの肘や手足が人並はずれて純潔っぽいところが大好き。〈ひょっとすると、料理済みの仔牛までコウノトリに運ばれると彼女は思ってるかな？〉

海軍軍人として四年を東方で過ごしたパヴェウは、彼の〈純潔の権化〉に遭いに戻ってくる。パヴェウは妄想に耽る。〈いやはや、純潔の世界、恋愛の世界とは魔法めいた奇行に満ちたものだ〉。アリツィアもアリツィアで、思考が暴走していく。〈あぁ、分かってきた！　みんなが服を着たり、礼儀正しく振る舞ったりしているくせに、ひとりきりになれば、男たちは女に石を投げつける、やられた女たちがにこっと笑うのは、苦痛のためだわ〉。

ある日ふたりは、屋敷の勝手口の前にやってきた。ビビが食べ残した骨が、薔薇色の肉をへばりつかせたまま、ゴミの山の上に載っている。〈ぜひお願いしたいの、パヴェウ、噛んでくださる――つまり、一緒にかじりましょうよ、ゴミに載ったこの骨を〉、〈ふたりで分け合って食べるってことよ、あなたとわたしで、わたしがあなたと、そうしなくちゃならないの、絶対に〉。

海にさよならした。海にキスするのは難しかった。

シルビナ・オカンポ『ポルフィリア・ベルナルの日記』

Silvina Ocampo, *El Diario de Porfiria Bernal.*

家庭教師という仕事は、とりわけ西欧世界では、教育あって恒産なき独身女性が生きていく手段として、もっとも常識的なもののひとつだったようです。有名なところでは、ブロンテ姉妹のシャーロットとアンが、自身の家庭教師体験をそれぞれ『ジェイン・エア』『アグネス・グレイ』に反映させました。菊池寛の『貞操問答』のヒロインも水商売を始める前にまず家庭教師をやってましたっけ。批評家エドマンド・ウィルスンは、ヘンリー・ジェイムズの『ねじの回転』に登場する手記のなかの幽霊らしきものは、書き手である家庭教師の性的欲求不満の産物であると主張しました。この断定自体、住みこみ家庭教師という職業のイメージが「富裕な良家に上がりこんでくる独身の貧乏女」というものだったことを物語っています。

『ポルフィリア・ベルナルの日記』（一九六一）で、ポルフィリアの母がなにげなくヘンリー・ジェイムズの名を挙げているのは、やはり作者シルビナ・オカンポが『ねじの回転』を意識していた証左かもしれません。

一九三〇年、ブエノスアイレス。三〇歳の英国人家庭教師アントニア・フィールディングは、青白くほっそりした八歳のポルフィリア・ベルナルの教育を担当することとなった。ポルフィリアはずば抜けて頭がよく、文才に溢れていた。英国の女の子たちはいつも日記をつけている、とアントニアが言うと、〈本当のことを書かなければいけないの?〉と訊くので、そうだと答える。すると少女は、〈私の日記はとても変わった日記なの。いつか先生にお渡しして読んでいただくかもしれないわ。でも、お渡しするのは先生だけ。お母さまには見せないの。だって不道徳だと思うでしょうから〉と言う。〈どうしてお母さまには不道徳で、私にはそうでないの?〉、〈先生は頭がいいし、それに。私の母親ではないからよ。母親というものは頭が良くなくなるものなの〉。

何か月も、彼女はアントニアに日記を読んでくれとせがみ続けた。あるときついに日記をしぶしぶ読みはじめると、日記の日付は近い未来になっていた。一家で海岸に行ったこと。先生の乗馬習得。五歳年上の美少年の兄ミゲルと先生との接近。誕生日に先生が本をくれたこと。ミゲルの犬の死。――一年以上前にポルフィリアが書いたことが、すべて実現してきたことに気づき、アントニアは慄然とする。日記自体が作為ではないかと問い質すと、少女は〈物事が起こる前に書いても、起こったあとで書いても、同じことよ。創作するほうが思い出すよりやさしいわ〉と答える。

アントニアが意を決して、自分の近未来を読んでいこうと決意する場面は、六年後にガブリエル・ガルシア・マルケスが発表した『百年の孤独』を先取りしています。

彼女は恋人にするなら、つぎは箒がいいと考えていた。

リチャード・ブローティガン『ソンブレロ落下す』
Richard Brautigan, *Sombrero Fallout : A Japanese Novel.*

町の目抜き通りに、上空からソンブレロが落下してきた。市長とその従弟と失業中の男の前にそれは着陸した。――ここまで書いてから、小説家は泣きはじめた。二年間つきあった二六歳日系二世の精神科医・雪子に振られたばかりだったのだ。サンフランシスコは夜の一〇時。彼はタイプライターから書きかけの原稿をはずし、細かく破って、部屋の屑籠に捨ててしまう。〈なぜソンブレロが空から落ちてきたりするんだ？　破れた紙片はけっしてその問いに答えることはできないだろう。彼は紙片のただなか、床の上に坐りこんだ〉。そしてなにかを食べようとして、自分が家に卵を置かない主義であることも忘れ、なぜこの家には卵がないんだと悩んだり、古いつき合いのガールフレンド（朗らかな客室乗務員）に無意味に電話をかけ、守る気もない約束をしたりして、失恋の苦しみを紛らわそうと滑稽な努力を払う。

　そのころ長い黒髪の雪子は眠っている。〈雪子が眠っているあいだ、彼女の髪は彼女にまとわりつくようにして、長く日本的に眠っていた。髪が眠っていることを彼女は知らなかった。蛋白質にも休息が必要なのだ。彼女はそういう考えかたをしない〉。彼女は裕福な日系一世の家庭に育ったが、母の不倫が原因で父は切腹し、母はボーイング社の重役と再婚した。継父は雪子をチャイナドールと呼んだ。いま雪子は、ベッドにいる黒猫が喉を鳴らす音に乗せて、断片的な夢を見ている。亡き父のこと。二年に一度訪れる京都のこと。白人の女友だちのこと。

いっぽう屑籠のなかでは、破れた書きかけの原稿が大いなる決意のもと、作者に頼ることなく物語を続けようと決意した。市長の従弟はソンブレロに触って、それが氷のように冷たいことに驚く。従弟と失業者とは、どちらがソンブレロを拾うかで睨み合いとなり、怒鳴り合い、泣き喚きはじめる。市長は怒ってふたりを怒鳴りつける。

騒ぎを聞きつけた市民たちが集まってきて人垣を作り、やがて暴動が発生する。しかし中心にいる三人の男とソンブレロの周りだけは颱風の目のように静かで、従弟と失業者の喚き声と市長の罵声だけが飛んでいる。暴動発生の報を受けてかけつけた警察署長のヘリコプターと州知事のヘリコプターが現場附近の上空で衝突、軍隊と市民たちは数日に亙って銃撃戦を繰り広げるのでした。

リチャード・ブローティガン『ソンブレロ落下す　ある日本小説』(一九七六)は谷崎潤一郎に捧げられています(『細雪』の三女雪子へのオマージュ?)が、眠り続ける雪子の記述は『細雪』よりも川端康成の『眠れる美女』を思わせ、またイタロ・カルヴィーノ『冬の夜ひとりの旅人が』の「日本小説」の章をも想起させるのでした。

いまどきの大人は文学を読まない。

かつて文学青年であった大人の人たち――私より一〇歳から二〇数歳年長の――と、話をする機会が、たまにあります。

一〇年ほどまえ、彼らは「いまどきの若いものは文学を読まない」ということを盛んに言っていました。最近はさすがにもう諦めたのか、あまりそういう嘆きは聞かなくなりましたが、かわりに、二〇〇六―〇七年の『グレート・ギャッツビー』『カラマーゾフの兄弟』を頂点とする古典新訳ブームになにかご不満なようすのかたも見受けられました。

たしかに、むかしの若者は本を、そして文学を、よく読んでいたようです。私もまあむかし「いまどきの若いもの」だったことがあり、私が若者だったときも、一〇歳から四〇歳年長の人たちから、「いまどきの若いものは文学を読まない」というお説教を喰らったものですが、その私の時代と比べても、「いまどきの若いものは文学を読まない」らしい。

こういう「いまどきの若いものは携帯電話やゲームばかりやって本を読まない」――文学は本の全体ではなく一部なのですが、それはともかく――という嘆きは、つまり言い換えるとこうなります。

「本来ならば本を読んでいて当然だったはずの人たちが、いまの時代には携帯電話やゲームに流れている」

たしかにそれはそうでしょう。私より一〇歳から二〇数歳年長の人たちがかつて文学青年であった時代、インターネットも通信カラオケもレンタルDVDもなくて、出版物以外のメディア体験といえば映画とラジオ、地上波TVといったところでしたから、本のライヴァルが――つまりメディアの選択肢が――少なかったことと思います。

でもそれってどうなんでしょう？　ほんとうはこう考えたほうがいいのではないでしょうか。

「世が世なら携帯電話やゲームに行くはずの人たちが、かつてはそれがなかったので、本につきあっていた」

これを言い換えると、かつては本を読むということの敷居が相対的に低かったとも言えます。つまり本というのは、その時代には大衆的な媒体であり、いい意味で「ミーハー」を許してくれる媒体だったということです。

こんな例を知っています。その年長の男性もまた、「いまどきの若いものは文学を読まない」とお嘆きでした。しかし彼自身はというと、仕事関係の資料はいつも熱心に読んでいましたけれど、文学作品を自分の娯楽として読むことは絶えて久しくご無沙汰だと、悪びれることなく告白したのです。

大人は毎日が日直だから、読む時間がなくて当たり前ですって？

そして日本の社会では、いい年をして文学を読み続けていると、なにか幼稚で青臭く、あるいはオタクっぽく見られるから、そういう「恥ずかしい」ことから卒業してしまったのだろう、ですって？

とんでもない、彼は大学で文学の先生をしていて、ある小説家の作品を研究するのが仕事なんですよ。もし文学研究者のあいだですら、文学なんて子どもかせいぜい青春期のためのものなのだから大人が楽しみのために文学作品を読み続けることが恥ずかしいなどと思われているとしたら、それはたいへんお気の毒な話だと言わざるを得ません。

こういう人は、若いころネットゲームとか携帯ゲーム機があったら、ぜったいそっちに行ってるはずなんです。

ちょうどいま携帯電話やゲームが「盛ん」で、若者も中年も携帯電話を使いこなし、多くの若い才能がゲームの作り手となっているのとまったく同じように、彼は彼で当時——石原慎太郎の芥川賞受賞から村上龍の芥川賞受賞までのあいだ——たまたま、文学（正確には、文学の出版）が「盛ん」だったからそれに乗った、当時の「いまどきの若者」だったのです。

要するに、いまどきの大人は文学を読まない。

Ⅵ

暴力と背徳と。

恋には暴力が必要である。

アナトール・フランス

十五歳半。それは河の横断だ。

マルグリット・デュラス『愛人（ラマン）』
Marguerite Duras, *L'Amant.*

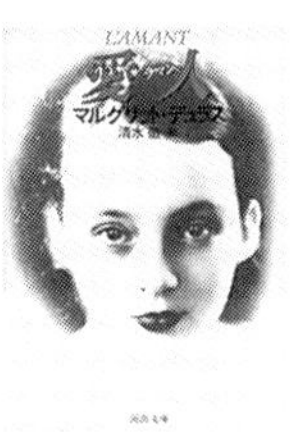

フランスでは、文芸書の装幀は基本的にきわめてシンプルなペイパーバックで、カヴァーや帯もなく、たいていは絵すら描かれていません。たとえばマルグリット・デュラスの作品だったら、だいたいミニュイ社の白地に青でデザインされた牛乳パックみたいなシリーズか、ガリマール社の（コレクション・ブランシュ＝白色叢書という名前なのに）クリーム色のシリーズで出ています。じつにすがすがしい、そしておしゃれ。

それはもともと、一九世紀なんかだと、お金持ちが本を買って、装幀職人に装幀を発注して、書架に並べるのに美しい背表紙や表紙をつけてもらい、そこに金箔でタイトルを入れてもらったりするという、なんだか優雅すぎて腹が立ってくるような伝統を反映しているのです。つまりフランスでは文芸書の表紙は「捨て表紙」、著者名と書名だけを頼りに同じシリーズの他の本と区別されるというものでした。

もっとも文庫版はお洒落でカラフルな表紙ですし（でも原則としてカヴァーはない）、ここ十数年は、そうそうのんびりとも構えていられないのか、文芸単行本にも絵入りや写真入りのカヴァーをつけて、平台で勝負をかけるようになってきました。日本や英米とあまり変わらなくなって、なんとなく寂しい感じがします。

かつてのフランスの、そういうシンプルで上品な本の世界からすると、ハードカヴァー主体でカヴァーも帯も、ときには栞紐まで（分厚い本だとたまに二本も）ついているわが国の文芸書の世界は、よく言えば華麗、悪く言えばごてごてしている。そう言えばデュラスが自伝的小説『愛人（ラマン）』（一九八四）の日本語版の装幀に感嘆し、いたく気に入っていたという伝説を聞いたことがあります。

一九二九年のヴェトナムは、まだフランス領インドシナ。リッチな中国人青年と、主人公の一五歳のフランス人の女の子〈わたし〉との、二年間の交際が、遠い未来、六二歳となった彼女の声によって語られていく。『悲しみよ こんにちは』がジャズに覆われているとしたら、『愛人』はショパンのワルツによって縁取られています。

しかしこの若いヒロインは、絶望に値することをあまりに多く抱えています。母や兄たちにたいする愛憎の大きさは、それが淡々と語られるだけに、洒落にならないものだということが伝わってくるのです。

〈十八歳でわたしは年老いた〉という殺し文句は、あまりに有名で、本書冒頭に紹介したクノーの『地下鉄のザジ』の締めの台詞〈年を取ったわ〉に匹敵する名文句ですが、〈わたしたちはけなげな子供たち、絶望した子供たちである〉というのもまた、『愛人』のヒロインの抱えた寄る辺なさが出ていて、どちらをこの項の冒頭に掲げるか、しばし悩んだものです。結局、ふたつともやめてしまいましたが。

ヴェトナムでの情事が話題になりがちな小説ですが、渡欧後にヒロインが体験した波瀾も、ちゃんと語られています。この女の子の情事を語っているのが、そういった経験を経て老境に達しつつある大人の女性であるということを、つねに意識して読むのがいいのではないかと思います。関連作品として、『太平洋の防波堤』『北の愛人』もお読みください。

この章では、「ふしだら」だったり「いけない子」だったり、あるいは「あぶない子」とされたりする女の子たちのお話を集めてみました。

メイドが入ってきたら
とびかかって顔の皮を剥いでしまうのよ。

レオノーラ・キャリントン『デビュタント』
Leonora Carrington, *La Débutante.*

レオノーラ・キャリントン『デビュタント』（一九三九）のデビュタントとは、社交界デビュー前後の一〇代の娘のことです。

デビュタントのころ、〈私〉はあまりに頻繁に動物園に通ったため、〈同じ年頃の少女よりも、動物と友達になりました。私が毎日動物園にいったのは人間から逃れるためでした〉。いちばんの仲よしになったハイエナに、〈私〉はフランス語の手ほどきをし、彼女は〈私〉にハイエナ語を教えてくれた。

一九三四年五月一日に、母はデビュタントを祝う舞踏会を計画していたが、舞踏会なんか大嫌いな〈私〉は、当日の朝早くハイエナに会いに行き、身代わりに出てくれないかと頼む。密かに檻を開けてハイエナを連れ出した〈私〉は、タクシーでハイエナを自宅に連れて行く。

その夜着る予定のドレスはハイエナには少し長すぎて、〈私〉のハイヒールを履いて歩くのも一苦労だった。手袋で毛むくじゃらの手を隠したハイエナの提案で、メイドのメアリーを呼び、顔の皮を剝いで変装することになる。〈びくびくしながら私はメイドのメアリーを呼びました。舞踏会に行くのが心底嫌でなければ、もちろんそんなことはしなかったでしょう。メアリーが入ってきた時、見なくてもすむように私は壁を向いていました〉。

〈こっちを向いて私がどんなに美しいかを見て頂戴〉。二本の脚を残してメアリーを食べてしまったハイエナは鏡の前で、メアリーの顔を貼りつけた自分の姿に見惚れている。そしてすっかり身支度を整えると、〈ああ最高の気分よ。今夜は大成功という感じだわ〉と高らかに言った。〈「さあ降りて行って、でも忘れては駄目よ、母の隣には立たないでね。私ではないときっと気づかれてしまうから。母以外に知り合いはいないの。上手くやってね」。ハイエナが出かけるとき私はキスしましたが、彼女はとても嫌な臭いがしました〉。

日が暮れてひとりになった〈私〉が疲れを覚えて、静けさのなか『ガリヴァー旅行記』を読んでいると、大きな音を立てて部屋のドアをノックするものがある。母が怒りに蒼ざめて入ってきた。〈「私たちがテーブルについたとたん」と彼女は言いました、「あなたの席に坐っていたものが立ち上がって叫んだのよ「それじゃ、私は少し臭いってわけ、ふん、何よ。ケーキなんか欲しくないわ！」そう言うと顔を剝ぎ取って食べてしまったのよ。それから大きな一飛びで窓から姿を消してしまったわ〉。

ブッシュが指導者である世界になど住みたくはないから、

キャシー・アッカー『わが母 悪魔学』

Kathy Acker, *My Mother : Demonology.*

女の子にとってのお母さん問題を取り上げた作例は、小川洋子『ホテル・アイリス』や赤坂真理『ミューズ』、ジャネット・ウィンターソン『オレンジだけが果物じゃない』（本書一二二頁参照）だけではありません。たとえば笙野頼子には、「母なるもの」の呪縛を言語によって解体していく『母の発達』という傑作爆笑小説があります。

キャシー・アッカーの『わが母 悪魔学』（一九九三）もまた、『母の発達』の主人公のように、言語を武器として母の呪縛から逃れようとします。とはいうものの、この言語解体的な小説の筋（があるとしても）を要約することは不可能です。暴力と性、そして先行文学作品のブッキッシュな暗示に満ちたアッカーの小説は、全体の流れよりも各パーツのインパクトを楽しむものなのだと思います。

再婚した夫とふたりの時間をできるだけ多くするため、母は〈わたし〉を学校に追いやります。長じてアングラな芸術家たちと交流する〈わたし〉は、Bという男と濃密な時間を過ごします。この男は〈わたし〉の、あるときは愛人であり、あるときは敵であり、あるときは同志として記述されるため、複数のBがいると考えたほうがいい。

事実、Bは〈B〉以外に三通りの現れかたをするのですが、それはすべて実在の人物の形象を借りています。ひとり目はフランスの哲学者で小説家のジョルジュ・バタイユとして（『わが母』という題名はバタイユの同名作品から取ったものでしょうか）、ふたり目は米国第四一代大統領ジョージ・H・W・ブッシュ（いわゆる「パパ」ブッシュ）、三人目は一九世紀ドイツの革命家・劇作家ゲオルク・ビュヒナーとして登場します。頭文字はすべてG・B、ジョージとジョルジュとゲオルクは同一名の英仏独語形。

第一部の結末でブッシュと対決したあと、第二部の〈わたし〉が〈自分の本当の幼年期〉をやり直す場面はスリリングです。通読すると、ブロンテ姉妹からサド、ジュネ、ボードレール、ゴイティソロ、ランボーを経て『古事記』『東海道四谷怪談』まで、さまざまな先行作品がパッチワークされていることがわかります。

ドライヴ感のある訳はみごとですが、ただ、ビュヒナーを〈ブックナー〉、フランスのサド研究家ジルベール・レリーを〈ギルバート・レリー〉などと書いているのは興醒めです。非英語圏で一般常識になっていることにたいして、英米文学の翻訳家や学者が無関心なのはいつものことですが、ちょっと寂しい気がします。

そしたら！　ママ！　火のなかに落ちたみたいだったわ。

ジュール・バルベー・ドールヴィイ『ドン・ジュアンの最も美しい恋』
Jules Barbey d'Aurevilly, *Le plus bel amour de Don Juan.*

当代のドン・ファアン（モリエールの劇やモーツァルトのオペラで知られるフランス語読み、イタリア語読みはそれぞれドン・ジュアン、ドン・ジョヴァンニ）との二つ名を取るジュール＝アメデ＝エクトル・ラヴィラ・ド・ラヴィレス伯爵は、〈正確にはもう若者と呼ばれる時期を過ぎてはいましたが、まだ若い男とは見なされて〉いたころのこと、〈パリという名の田舎町で〉、才気と富と美貌とを兼ね備えたひとりの侯爵夫人と恋に落ちた。侯爵夫人には一三歳の娘がいた。

〈娘は母親を愛する男をどう思っているのだろう、とどこかの詩人がいっていましたが、面白い疑問です！　私は、十三歳の小娘の大きな暗い目の奥に、つねに私を窺う黒い不吉なスパイのまなざしを感じるたびに、よくその疑問を思いうかべたものでした〉。黒髪を頭のまんなかでぴったりと分けた娘は、けっして美しくはないのだけれど、その黒い瞳になにか強いものがある。母の恋人にたいして無愛想でよそよそしい娘に、彼は〈仮面ちゃん〉と愛称をつけ、袋入りの砂糖菓子をお土産にしたりして、懐柔しようとするのだが、その反応はいつも冷たいものだった。

侯爵夫人は、あの子は自分のものである母をあなたに取られている気がするのだろうとか、あなたが不信心な人だから嫌っているのだろうと言う。たしかに〈この奇妙な子供はひどく信仰心が篤く、それも中世スペイン風の、陰鬱な、迷信深い信心家なのでした。痩せこけた体に、ありとあらゆる修道女の肩衣を巻きつけ、手の甲のように平たい胸と浅黒い首のまわりには、十字架やマリア様や聖霊を山ほどくっつけていました！〉

あるとき侯爵夫人を、サン＝ジェルマン＝デ＝プレ教会の老主任司祭が泡を喰って訪問してくる。今朝、侯爵夫人の敬虔な娘が告解にやってきて、自分は身籠っていると告げたというのだ――。そのあとの結末部分は鮮やかです。これを無気味と取るか、微笑ましいと取るかで、あなたがどういう人かもわかってしまいそう。この結末部分が、侯爵夫人が若き日の伯爵に語ったのを、伯爵が後年、愛人たちに語ったとき、愛人たちからどんな茶々が入ったかも含めて伯爵がこんどは〈私〉に語り、それを〈私〉がべつの女性に語っている様子が、〈私〉の地の文によって読者に向かって語られるという、何重もの入れ子の語りになっていることにも、ご注目ください。

ジュール・バルベー・ドールヴィイの『ドン・ジュアンの最も美しい恋』は、短篇集『悪魔のような女たち』（一八七四）の第二篇。このお手紙を書くためにこの作品を新訳で読み返してみて――旧訳を読んだのが一八歳のときですから、ほんとうに久しぶりです――、正直、仮面ちゃんがこんなゴスな子だったことに驚きました。

どうして姉さんはあたしを不幸にしたいのかしら?

ジュリアン・グリーン『アドリエンヌ・ムジュラ』

Julien Green, *Adrienne Mesurat.*

ジュリアン・グリーンは、いま日本ではあまり読まれませんが、かつてはジョルジュ・サンドなどと並んで、フランス文学科の(なぜか女子)学生が卒業論文で取り上げることが多い作家だったようです。『アドリエンヌ・ムジュラ』(一九二七)は、グリーンの比較的初期の長篇小説です。

フランスの田舎町。〈あかしで荘〉に住むアドリエンヌは一八歳。自分を不器量と思っているが、じつは美しい。学校はもう卒業しているけれど、これからどうしよう、という身分です。倍近く年上の姉ジェルメーヌも、なにやら病気を抱えて部屋住みの身の上。老父は引退した中学教師で、毎日の生活におよそ変化というものを認めない。じつに鬱々とした日々なのです。

ある日、路上で一瞬会釈されたというだけのきっかけで、アドリエンヌは開業したばかりの中年の医師モールクールに執着しはじめます。医師がすぐ近所に住んでいて、姉の部屋からその家が見えることに気づきました。そして夕刻ともなると、通りに出て医師の家の灯りを見ては、小さな幸福をかみ締めるのでした。このあたりの記述、なかなか怖いです。

こんな挙動が姉の注意を惹かないわけはない。姉はアドリエンヌがだれか男と密会しているらしいと父に告げ口し、父とタッグを組んで妹を外出禁止にします。モールクールがすぐそばの道を歩いているのが見えるのに……。苦しくて苦しくてしかたがないアドリエンヌは、大怪我をすれば来てもらえるかと閃いて、突発的に両腕をガラス窓に突っこんで血まみれになったりするのですが、医師も来ないし、家族の手当てで二日で傷が塞がってしまう。

いっぽう姉も、彼女の病気を認めたがらない父に愛想を尽かし、妹に五〇〇フランを出させて家出してしまいます。妹の「共犯」に怒って、父は暴力を振るい暴言を吐き、モールクールを侮辱しました。これにとうとう逆上してしまったアドリエンヌは、階段で全力で父にぶつかっていき、父は欄干から落ちて死んでしまいます。検視にやってきたのは、ほかでもないモールクール医師。このあとヒロインと、向かいに住むいかがわしいルグラ夫人との息詰まる関係が本格化していきます——。サスペンスたっぷりで、目がページに吸いついてしまいそう。

ジュリアン・グリーンには、カトリックで暗くて、といったイメージがあります。そういうフランス文学の黄昏部分は、だんだんと日本人の心をとらえなくなっていったのでしょうか。私は神のことにはまったく音痴ですが、欧州のカトリック作家が持つ毒や辛気臭さが嫌いではありません。

文學少女の二冊目の手帖6

文学がいてくれてhappy。

前章で書いたとおり、日本の社会では、いい年をして文学が好きでいると、なにか幼稚で青臭く、あるいはオタクっぽく見られる傾向があるようです。女の人だとこれにさらに、モテないいっぽいイメージまでつけられてしまうこともあるらしい。だから、自分が本を読むなんてことを学校や職場で隠している人もいると聞きました。

これはとても難しい問題です。本や文学が好きな人とそうでない人とが話を始めようとすれば、当たり前ですが本や文学以外の話から始めるしかないのです。

自分が文学好きであったとして、では、もし相手が文学好きであればなんとかなるのか？

もちろんそんなことはありません。そのことについては第Ⅷ章でお話ししましょう。

かつての文学青年が、いま「大人として文学を読む人」であるとはかぎらないということは、前章に挙げた例でも明らかなとおり。そもそも「文学なんて青春期に罹る一過性のはしかのようなもの」というイメージが日本には強くあって、それにはそれなりの理由があるのですが、日本ではまだ「文学を読む大人」像がなんだか魅力的でないようです。

風流ぶったポエム俳句老人。孔明や信長やローマ皇帝に学ぶビジネスマン。吉田健一や内田百閒にメロメロの《サライ》系「大人の隠れ家」派。そうでなければ、文学を世のなかや倫理に背を向けるものとしてしかとらえたがらない、不羈を気取っているけど要するにただ狷介なだけの青臭い偏屈親父。

いや、私も俳句はいいなと思います。また鉄血宰相ビスマルクも言ったとおり、愚者が体験にしか学ばないのにたいし、賢者は歴史からも学ぶものです。吉田健一や内田百閒はもとから大好きな、私にとって別格な書き手ですし、倫理や世のなかといったものをすり抜けていく身軽さいい加減さが文学の身上のひとつだということを、否定する気もありません（「政治的に正しい」は、文学作品にたいする最大の貶し言葉にすらなりうるのですから）。

けれど、「文学とは××でなければならない」「××こそが文学の最上のありかた」と決めてしまう態度が、「新しい文学こそが最強・最重要の文学」と考えて、いつも最新流行に乗り遅れまいと勉強していた青臭い文学青年のヴァリエーションにしか見えないのもまた事実なのです。

文学が「盛ん」だった先帝の御代に文学青年だった人たちは、「いまどきの若いものは文学を読まない」とお嘆きの（そのわりには自分もそんなに読んでない）大人になりました。

そして私たちはそんな彼ら——いまよりたくさんいたはずの当時の文学青年たち——の末裔ではないのです。彼らの末裔はむしろ、文学（というか純文学や古典の名作）や映画がかつて持っていた勢いを継承している、ゲームやアニメや漫画やケータイ小説やライトノベルといった「盛ん」な分野を支えている。

私たちはかつての文学青年の末裔ではない。若者が石原裕次郎や吉永小百合にきゃあすう言ってるかたわらで、古寺をめぐって仏像に見とれたり、明治生まれの先輩に盆栽の講釈を垂れてもらいに行ったりしていた「変な子」たちの末裔、それが私たちなのだと考えたほうが理に適っているのです。

私がこの文を書いている二〇〇八年七月現在には、携帯電話もゲームも、インターネットも通信カラオケもレンタルDVDもレンタルブルーレイディスクもあります。もちろん映画やラジオも残っていて、TVはBSもあるしCSもCATVもある。出版物でも漫画をはじめとする雑誌が山盛り存在しています。

それでも文学書を手放せない、幼稚で青臭くて時代遅れで、ひとことで言ってかっこ悪い私たちは、文学が存在してくれてhappyでしょ?

Ⅶ　セクシュアリティを横切って。

人は女に生れない。女になるのだ。
ボーヴォワール

もうこれはすっぱり認めるしかありません——彼は女だったのです。

ヴァージニア・ウルフ『オーランドー』
Virginia Woolf, *Orlando*.

一五八八年、名家の末裔であるオーランドーは、文芸趣味を持つ少年。劇を書いたり、野外で瞑想に耽ったりするのがなにより大好きな若者です。生涯独身をとおしたエリザベス女王は、お気に入りの少年である彼に、広壮な大邸宅を下賜したり、宮廷で重用して大蔵卿・主計卿にまで任命したりします。しかし女の子と口づけを交わしているところを女王に見られてしまい、寵愛を失ってしまうのでした。

窮屈な宮仕えに出世の道を見ることがなくなったオーランドーは、名うてのプレイボーイとして数多くの女性たちと浮名を流します。一六〇四年、とうとう結婚を決意して、さる貴婦人に婚約指輪を送ったオーランドーですが、そのあと、歴史的大寒波で凍ったテムズ川での一大イヴェントで、ロシアの奔放で浮気なお姫《ひぃ》さまサーシャに、焼けつくような一目惚れをしてしまいます。駈け落ちの約束までしたふたりですが、サーシャはオーランドーを置き去りにしてロシアへと去って行くのでした。ときにジェイムズ王の治世でありました。

プレイボーイから一転、ひきこもりへ。半年間の蟄居と一週間の連続睡眠を経て、文学者になろうと決意したオーランドーですが、当代きっての詩人ニック・グリーンのパトロンとなって文学修業を志すも、師にまで捨てられてしまう。

こうなったら思いっきり豪華絢爛な暮らしをしてやるぞと邸宅を大改装、極上の家具調度で屋敷を埋め尽くし、異国にまで買いつけに出かける始末。

ルーマニア皇女ハリエットにつきまとわれて困惑した主人公は、チャールズ国王にコンスタンティノープルに特命大使として派遣してほしいと願い出て、叶えられます。現地では仕事をきっちりこなしつつ、お忍びで町をさまよっては遊ぶのでした。任地を離れる前に、勲章と公爵の爵位がオーランドーに与えられるのですが、爵位授与式の直後に、スルタンに反抗するトルコ人たちが武装蜂起してしまい――

その晩からオーランドーはまたもや一週間眠り続けて、目覚めたときには、ひとりの美女になっていたのです。

このあともジプシーの群れに身を投じたり、帰国の船上で男たちに慕われたり、帰国したら自分は死んだことになっていて、財産がすべて大法院に管理されていたり、トルコでジプシー女とのあいだにできたと称する自称子どもたちが出現したり、こちらは男になってしまったハリエット（もと）皇女からプロポーズされたりと、華麗で装飾的で歪んだドタバタは終わりません。

アン女王の治世に首都に出て、さまざまな階層の人々と知り合うオーランドーも、ヴィクトリア朝時代に突入すると猛烈な結婚願望が起こり、マーマデュークという郷士と結婚します。長くかかった私生児問題も解決したあと、オーランドーは批評家として活躍していたニック・グリーンと再会します。一九二八年、グリーンはオーランドーの詩の出版を計画するのでした。

無慮三五〇年もの時間の流れのなかで、登場人物たちはごくごくゆるやかに年を取り、あるいはとつぜん性転換してしまう。語り手は語り手で、物語に茶目っ気たっぷりの介入を繰り返す。魔法でできたこの極上の小説を読むと、もう女がどうした男がどうしたなんてガタガタ言うのが馬鹿馬鹿しくなってしまいます。

サリー・ポッター監督の映画版『オルランド』では、傑作『魔性の犬』の作者クェンティン・クリスプがエリザベス一世を演じていたのが嬉しかった！

葡萄を買ってやろう。
そして二人で港湾倉庫の闇に分け入ろうじゃないか。

ミシェル・トゥルニエ『メテオール（気象）』
Michel Tournier, *Les Météores.*

ジャンとポールのシュラン兄弟は、親にも区別がつかないそっくりな双生児。他者を排除した、完全な、近親相姦的な愛の世界を生きている。ところがあるときからジャンはひとりで生きようとしはじめた。ジャンはポールのもとを去り、ポールはジャンを追って地球を西へ、東へと奔走する。ふたりの行く先々で、砂漠の人工庭園は廃園となり、日本人女性とドイツ人男性のカップルが壊れるなど、分裂と破壊が続く。京都・奈良を舞台にした章「上人」という謎の老僧がポールに石庭をネタにした啓示を与える、というスティーヴン・セガールの映画にありそうな展開も凄い。ついに一九六一年、ポールが訪れたベルリンでは、あの「壁」の建設が始まってしまう。

というのがミシェル・トゥルニエの『メテオール（気象）』（一九七五）の本筋ですが、この主役たちを喰ってしまって作者の手を焼かせた（と作者はインタヴューで漏らしています）超強力な脇役がいます。双子の叔父、〈塵芥《ごみ》のダンディ〉ことアレクサンドル叔父さんです。

ごみ処理業を営むアレクサンドル叔父さんは、服の着こなしも隆《りゅう》としたお洒落さん。「フルーレット」という仕込杖を武器に、社交界から暗黒街まで闊歩する札つきの放蕩ものだ。複数の都市の家庭ごみの処理を一身に引き受けつつ、オフのときにはボーイハントに余念がない。とりわけ肉体労働者の少年がお気に入りだ。ダンディで仕込杖の名人で美少年が大好物という、どこの18禁BL《ボーイズラブ》ゲームの鬼畜キャラか、というアレクサンドル叔父さんが、サドでレズビアンのファビエンヌお嬢さまと社交ダンスを踊っちゃう場面など、カッコよすぎてヤバイ。

このお嬢さんからもらった双子の真珠(一個の貝のなかでふたつ同時にそっくりに育った超レアもの)を耳飾りにして、自分と最愛の恋人のダニエルくんとで片方ずつつけてるんです。叔父さんはミラマという土地の巨大なごみ捨場のなかに住んでたんだけど、異変を感じて外に出ると、顔や下腹部を獰猛な巨大鼠たちに食い荒らされた若者の死体が、月光に照らされている。顔は識別不能だったが、片耳には双子の耳飾りの片割れが。ダニエルくんは危険を冒して叔父さんに会いに来たんですね……。この場面、お能のような美しさです。

そしてなんといっても叔父さんの死に様ですよ。殺されると知っていて、カサブランカの倉庫街まで、睫毛の長い美少年をハントに出て行ってしまうなんて。

〈ぼくたちは新聞で、血塗れになった三人の死体が、港のピーナッツ倉庫で発見されたことを知った。二人のアラブ人は剣の一突きでまともに心臓を貫かれて殺されていた。ヨーロッパ人のほうはナイフで十七箇所刺され、そのうち少なくとも四つが致命傷だった〉。

「殿下、タイツに伝線が！」
忠実なガチョウはおろおろして言いました。

ジャネット・ウィンターソン『オレンジだけが果物じゃない』
Jeanette Winterson, *Oranges are not the Only Fruit.*

母の抑圧から脱出するために娘が年上の男を使い棄てる小説、といえば小川洋子の『ホテル・アイリス』と赤坂真理の『ミューズ』です。後者では母はプチカルトの宗教家という設定でしたが、ジャネット・ウィンターソンのデビュー作『オレンジだけが果物じゃない』（一九八五）に登場する母もまた、マイナーな宗派に属する狂信的なキリスト教徒で、〝癒しの奇跡〟集会のヒーラーとして、いろんな人の病気を治してやっています。『ホテル・アイリス』や『ミューズ』が娘のアイデンティティ確立の痛みを切実に描いたのにたいして、『オレンジだけが果物じゃない』は爆笑ものの挿話を積み重ねることによって、その痛みを読者に伝えてくれます。

主人公ジャネットは、厳しい聖書教育を幼くして受け、母の信じるとおり、神の意志によってこの世がつくり上げられていると無邪気に信じている。ある晩ベッドで主《しゅ》の栄光について考えていた彼女は、最近妙に世界が静かで、教会で讃美歌を歌っても自分の声しか聞こえないことに気づく。ジャネットも母も周囲の信者も〈もしかしたら聖霊に満たされているのかも〉と考える。じつは扁桃腺が腫れていただけなのですが。

母が〈飼育場〉と呼ぶ「学校」という場所に、そんな彼女も行くことになりました。ジャネットは〈牢屋に入ったって、また出てくればいいじゃない。聖パウロ様だって、何度も牢屋に入ったんでしょう〉と入学を決意します。

学校でクロスステッチを習ったとき、隣の女子たちが壁掛けに〈ママへ　愛をこめて〉とかお誕生日おめでとうとか縫い取っているのに、ジャネットは『エレミヤ書』の〈夏はもはや終わりぬされど我らはいまだ救われず〉にしようと思うと言って、先生をドン引きさせます。

母は『申命記』を使ってジャネットに読み書きを教えますが、〈睾丸の潰れた者〉などの表現が出てくると〈ここは主におまかせするとして〉と素早くページを捲《めく》ってしまいます。〈自分に睾丸《テスティクル》がなくて良かったとつくづく思った。字の感じからして、腸《インテスティン》が外にはみ出ているようなものらしかった。聖書に出てくる男の人たちは、しょっちゅうその睾丸を切り落とされては、教会への出入りを禁じられているようだった〉。

変わりものの彼女はクラスで虐めにあいながら、なんかへんだなあ、と考えるようになります。そんな彼女がメラニーという女の人を知り、彼女に恋するようになってから、母との関係が変化していきます。さんざん笑わせといて、ちょっとほろりとさせる結末には、やられた！と思ってしまいました。

叱られるために、
禁じられていることをわざとよくやったと思います。

ヴァレリー・ラルボー『ローズ・ルルダン』
Valery Larbaud, *Rose Lourdin.*

〈髪をぴったりなでつけて、丸く曲げた長い櫛でとめて、三つ編みは折り込んで黒のヘアネットに押し込める——そんなふうにしたわたしたちの顔がどんなにきつく見えるか、あなたには想像できないでしょう〉、とヴァレリー・ラルボー『ローズ・ルルダン』（一九一〇）の語り手は話しはじめます。〈週日はみんな黒の上っ張りを着ていました。うしろをボタンで止める形で、着ているものをすっかりおおってしまう上っ張りです〉。

ジュラ地方の寄宿学校にいた一二歳のローズは〈陰気で無口な小娘〉で、先生たちに〈目立たない子〉と呼ばれていた。一学年上に、ドイツ語圏スイスから来た優等生ローザ・ケスレルがいて、人気ものだった。大柄で屈託のないブロンドのローザは、いつも同じふたりのクラスメイトに挟まれて、腕を組んで三人で散歩している。〈うなじがとても繊細な感じで、短くカットした明るい髪の下の二本の腱もほとんど目立ちませんでした〉。〈じっと見つめる勇気をもてたのは、すこし遠くはなれているときだけでした〉。

自分にもクラスで友だちができはじめていたけれど、〈みんな退屈、さもなければ意地悪〉と思っていた。ローザはというと、列のなかでわざとおしゃべりをして同郷のシュピース先生に叱られ、お仕置部屋に嬉々として追いやられたりするお茶目ぶり。ローズはローザと親しい上級生にたいする嫉妬のあまり胸が痛いほどだった。そして宿題に〈ローザ・ルルダン〉と署名しては、担任の先生から〈そそっかしい子ね〉と言われる。あるときなどは三時の長い休み時間にローザたちの寝室に入りこんで、彼女の上っ張りを急いで着てみたりする。

両親の友人の家で働くドイツ出身の子守娘と親しくなるためにあらゆる策を弄し、南ドイツでローザの愛称としてローゼレが使われることを知ったローズは、新学期にすれ違いざま、ローゼレ、私の《マイネ》ローゼレ、と囁いてみた。不安げに振り向いたローザと〈どうして知ってるの?〉〈あたしだって、いろんなこと知ってるんだもん!〉とはじめて会話する。ローザはたっぷり一分間、苛立ったようにローズを見つめたあと、親しげな剣突《けんつく》を喰らわせて〈ヘンな子!〉とぎこちなく言い捨て、去って行くのだった。

上級生のいじめ。シュピース先生が免職になったあと、学校からいなくなったローザ。後年、舞台女優として成功したローズは、母校のクラス写真を撮っていた写真館を訪れます。〈日曜日の朝、授業のない長い一日を自分の前に感じながら、ひたすら彼女のことを考えていればよかったひとときの、新品のワンピースの制服の真新しい匂い……〉。

男に保護して貰うことを願うような、そんな弱蟲の女には蟲酸が走る。

フランソワーズ・マレ『僞りの春』
Françoise Mallet, *Le Rempart des Béguines.*

〈家に歸つて來る時、ひどく夢想に耽ることが屢々あつた。私は商店のウインドに映る自分の姿を見て、自分を美しいと思うのだつた〉。エレーヌ・ノリスは一五歳で、まだ社交界にデビューしていない。ジェール市で〈″上流子女にふさわしい″ただ一つの塾、バルド學園のお講義に毎日何時間か通つていた〉。

男鰥夫《やもめ》の父ルネは町の有数の実業家で、いよいよ選挙への出馬が取り沙汰されている。エレーヌは父の恋人である素性の怪しい三五歳のロシア女、タマラ・スーレールに心を惹かれていき、パーティの席上で人目を忍んでタマラの手に口づけをする。エレーヌとタマラの密かな恋が始まった。

タマラはラクロの優雅で悖徳《はいとく》的な書簡体小説『危険な関係』（本書一六二頁参照）をエレーヌに読ませる。〈ドイツ系の血統のせいか、私にはヴェルテル的な感傷癖が強かつたのだけれど、そういうものから解放してくれる結果には少くともなり、このことはよかつたと思う。さもなければ、私は相變らず、リボンの切端しだのシガレットだのを蒐集したり、毎晩戀人と同じ時刻にひとつ星を見つめるとか、随喜してやっていたことだろう〉。エレーヌは得意になり、〈精一杯勇氣を出したところで、男の子と一緒に戸外《おもて》を歩いたり、物蔭でキッスをさせたりするくらいが關の山のクラスの友達たちに對して、無限の優越感を感じていた〉。

タマラの生活は乱脈で、ノリス親子の他に画家のマックスともつきあいがある。そして遠いむかし、エミリーという同性の恋人に棄てられたことをいまでも引きずっている。エレーヌはこっそり見たエミリーの写真を見て、自分にそっくりなのに驚き、困惑する。マックスはエレーヌに、〈彼女は君がエミリーじゃないことを決して許しはしないよ〉と宣告する。

二〇世紀の恋愛小説はしばしば、最初に激しい肉体関係があり、それから心の駆け引きが始まってそれが延々と続く、という順序を取ります。まるで最近のBL《ボーイズラブ》漫画みたいですが、性交渉の直接的な記述を避けがちだった一九世紀の恋愛小説との、それが最大の違いかもしれません。駆け引きがメインである点ではあまり大きな違いではないとも言えます。自立した女と見えたタマラを、エレーヌはどう乗り越えていくのでしょうか。

フランソワーズ・マレが一九歳で書いた『僞りの春』(一九五一)では、小都市の富裕層の生活がじつに優美に描かれています。この時代、まだフランスでも良家の子女はしばしば花嫁候補としての生活を強いられていたようです。

私には、あなたが負っている傷がわかるし、
痛みも感じます。

ターハル・ベン＝ジェルーン『砂の子ども』
Tahar Ben Jelloun, *L'Enfant de sable.*

第Ⅸ章でも触れる予定ですが、一九世紀英国小説を読むうえで欠かせないことは、女子に家財継承権がなかったということです。この問題が持ち上がってくるのはしかし、オースティンやブロンテ姉妹を読むときだけではありません。近代日本の小説、あるいは現代世界の小説でも、「跡継ぎがなければ、財産を全部失うか、ほとんどを兄弟に持って行かれる」という社会制度を背景に読むべきものはいくらでもあります。

まだフランスがモロッコを支配していたころのこと。七人姉妹の両親がいた。男の子が生まれないことを、父親は嘆いていた。第八子を身籠っている母親は、月曜から産気づいていたのだけれど、我慢して木曜まで産まずにいた。〈一週間のなかで、この日には男の子しか生まれないことを知っていたからだ〉。八番目の子どもは、〈たとえ女でも、男として育てよう〉と父は決意した。こうして木曜の朝、物語の主人公が生まれる。〈彼はたしかに女の赤ん坊を見た。だが、男の子だったと、固く信じていた〉。

こうして、女でありながら男として育てられるアフマドの物語が始まります。それはまず、メディナと呼ばれる旧市街の街頭に立つ、ひとりの講釈師《ストーリーテラー》によって、聴衆に向けて語られはじめます。講釈師はある男から託されたノートに従って物語を続けているというのですが、アフマドの従妹で妻でもあるファーティマの兄を名乗る男が聴衆のなかから現れ、講釈師は真相を隠している、自分はアフマドの真の日記を持っていると主張します。こうして話者は二転三転し、講釈師が消えたあとには、三人組の老人たちが続きを想像し、ついには「アルゼンチンの盲目の詩人」なる人物までが語り手として登場します（その部分には、もちろんボルヘスの作品からの引用が鏤められています）。

ターハル・ベン＝ジェルーン『砂の子ども』（一九八五）には、二年後に刊行された『聖なる夜』という続篇（モロッコ人作家初のゴンクール賞受賞作）もあります。続篇と併せて続篇の題で、ニコラ・クロッツ監督のモロッコ＋フランス合作映画となり、アフマドをアミナ・アンナビ、ファーティマをカルメン・チャップリンが演じました。小説の技法についてきわめて先鋭な問題意識を持つ著者ですが、そのいっぽうで、『娘に語る人種差別』（青土社）や『子どもたちと話す イスラームってなに？』（現代企画室）などの啓蒙書も日本語で読むことができます。

文學少女の二冊目の手帖7

新しいだけのものは、もう要らない。

第I章で私はこう書きました。

> 一九六〇年代までの日本は、古いものをどんどん捨てて先に進もうとしていた日本だったのです。いま見ると懐かしい景観のあの都市に住んでいた人たちは、その景観から早く脱してつぎのステップに——首都高速と高層建築の都市に——進むことを選んだのです。当時の人たちは、私たちのように古い絶版本を愛でることよりも、最新流行の文学のほうに目を奪われていたのではないでしょうか。

新しいということが、それだけで価値を持つ市場というのがあります。かつては文学もそういう市場でした。かつての文学青年はそんななかで、いつも最新流行に乗り遅れまいと勉強していたので、そんなところが青臭いと言われたりもしたのでしょう。

そして前章で述べたとおり、私たちはそんな彼らの末裔ではない。彼らの末裔はむしろ、文学や映画やポップミュージックがかつて持っていた勢いを継承する市場、ゲームやアニメや漫画やライトノベルといった「盛ん」な分野を、受け手として支えているのです。

それらの市場ではまだ「新しい」ことが価値を持っています。ちょうどかつての文学出版において、石原慎太郎や大江健三郎の登場が、あるいは村上龍や村上春樹の登場が「新しい」という価値を持っていたように。だから「××は新しい、だから重要だ」という論法で先行世代を相対化したり葬送したり、といったパフォーマンスが要求されるのです。

　ミラン・クンデラは『カーテン　7部構成の小説論』でこう述べています。かつて〈人類は、現状擁護派と現状変えたい派に二分されていた〉が、激動の二〇世紀には、人々は、

> 歴史が足もとで「動く歩道」のように動いていると感じはじめた。現状って動いてんのか！　そこで一挙にこうなった。現状に同意することイコール動く歴史に同意すること！　とうとう、進歩主義者兼順応主義者、保守派兼叛逆者というありかたが可能になったのだ！〔拙訳〕

　つまり文学で言うと、いま、「未来の文学を担う」「先行世代を葬送する」という自覚で文学の現状に反抗しているつもりでいる人たちは、じつは現状という名の変化の趨勢を肯定しています。〈若者は若者を模倣する〉とクンデラが言うとおり、彼らは青春そのものの抒情性をもって未来に献身しているのです。

　それはちょうど、世のなかこう変わっていくんだから変えていくほうに一票を投じない奴らは旧弊な「反対勢力」なのだ、と決めつけた二〇〇五年九月の「郵政解散」総選挙のようなもの。私が

《東京新聞》に『文藝ガーリッシュ』第一期を連載しはじめた二〇〇五年秋の不機嫌な気分を、書いていていて思い出します。

私たちはというと、新しいだけのものはもう要らない。新しいという語の定義を敢えてしないまま話を進めますと、私たちは新しいものは嫌いじゃないけど、新しいということはたんに、頁数が多いとか、ハードカヴァーであるとか、主人公が日本人であるとかいったのと同じ、本のたんなる属性のひとつであって、それだけでなにかポジティヴな意味を持つものではないと感じています。

誤解しないでいただきたいのですが、このことはすぐに、文学や映画やポップミュージックの市場において、もう今後「新しい」ものが出てこないことを意味するのではありません。このことはいくら強調してもいい。けれど、新しくあることを第一の目的とする試みにはもうおなかいっぱいですし、この本は新しいから重要なのだと謳う批評は、逆説的な言いかたになりますが、それ自体が昭和な発想に見えてしまうのです。有用性を訴えるモーレツな昭和中期か、購買意欲のないところに煙を立てようと必死になったバブリーな昭和末期かはケースバイケースですが。

Ⅷ スクールガール大暴走。

学校というところは社会の理不尽さを学ぶために存在する。

Anonymous

この一週間というもの、すごく破壊的な気分なのよ。

ジェローム・D・サリンジャー『フラニーとゾーイー』
Jerome D. Salinger, *Franny and Zooey*.

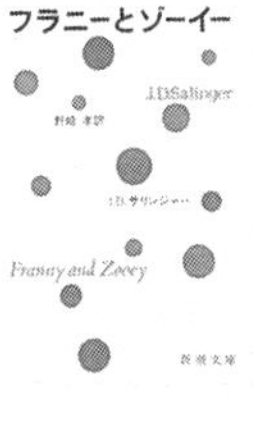

ジェローム・デイヴィッド・サリンジャーの《グラース家サーガ》の一冊『フラニーとゾーイー』（一九六一）の物語は、一九五五年一一月の、もうすっかり寒い土曜日の朝に始まります。大学町の駅頭で、レーン・クーテルはフランシス〝フラニー〟グラースを待っている。フラニーはグラース家の七人兄妹の末っ子で二〇歳、〈とびぬけて美貌〉、東部の有名大学の英文科に在籍中です。

楽しみにしていたはずのデートなのだけど、食事中に、だんだん話がかみあわなくなってきました。フラニーは英文科の大学院生や詩人教授たちのどうしようもない俗物性を口をきわめて罵り、クーテルはというとフローベールをこき下ろしたレポートが（だというのに）フローベール大好きな先生のお気に召して、活字にするべきだといわれたことが自慢でしかたがない(いまの私なら言える。それくらい自慢したっていいじゃん、嬉しいんだから!)。クーテルが、最近演劇部どう?と訊けば、フラニーは舞台に出たいという気持ちが悪趣味だと思えたから辞めた、と即答。クーテルがフラニーに何度も会わせたことのある、そしてこれからまたいっしょに会いに行こうと考えている友人の名前を出すと、フラニーは彼に会ったことがあるということを一瞬思い出せず、おまけにその友人をダシにしてまたもやスノッブ男子学生・女子学生たちへの批判をやらかしてしまう。

たとえば、わたしの寮の誰かでもいい。——そんな場合は、夏じゅう、どこかの劇場専属の劇団で、背景を描いてたなんてことになるのよ。あるいは、ウェールズを自転車で駆けまわったとか。ニューヨークにアパートを借りて、雑誌社だとか広告会社のアルバイトをやったとか。要するに、誰も彼もなの。みんなのやることがみんな、とてもこう——何ていうかなあ——間違ってるっていうんじゃない。いやらしいっていうんでもないわ。馬鹿げてるっていうんでもないの、必ずしも。でも、なんだか、みみっちくて、つまんなくて——悲しくなっちゃう。そして、いちばんいけないことはね、かりにボヘミアンの真似をするとかなんとか、とんでもないことをするとするでしょ、そうすると、それがまた、種類が違うというだけで、型にはまってる点ではみんなとまったく同じことになってしまうのよ〔…〕

うわー痒い、これって典型的な自分探し系六月病のようにも思えるのですが（米国の新学期が九月開始と考えると一一月くらいに発病しそう）。そしてこのあとフラニーは体調を崩して倒れ、同時に「ひきこもり」のようになってしまうのです。

こもってしまったフラニーと、俳優をやっているすぐ上の兄ゾーイー（ザカリアス）との対話が後半の見せ場というところなのでしょうけれど、いろいろしちめんどくさい対話をやったあと、なぜかけろりとフラニーは癒されてしまうのでした。

正直、私はイマイチ『フラニーとゾーイー』とシンクロできなかったのですが、それでも今回読み直してみて、初読のときの印象よりはずいぶんとイメージがよかったのに驚きました。初めて読んだときはたぶん、『キャッチャー・イン・ザ・ライ』〜『人間失格』ラインの「俺って変わってる」話に、人生のなかでもいちばん耐性がなかった時期だったのでしょう。その反発自体、われながら大人気ない反応だったと思います。

ここにいるよ、ここにいるよ、私は、ここにいるよ。

シルヴィア・プラス『ベル・ジャー』
Sylvia Plath, *The Bell Jar.*

一九五三年六月、ニューヨークはきらきらと華やかで、しかしどこまでも空っぽでした。

一九歳のエスターはみごと奨学金を射止めて、東海岸にある有名な女子大学に通っています。そしてあるファッション誌の文章コンテストに入選した一二人の女の子たちのひとりとして、〈その雑誌社でゲスト・エディターとして仕事をさせてもらえることになっていた〉。著名人に会ったり、ファッションショウを見せてもらったり、表向きは華々しい世界です。

〈雑誌に私の写真が載ったら――真っ白な雪のようなふわふわのチュールのスカートに銀色のラメのビスチェを着て、この撮影のために特別に連れて来られたフットボール選手のようにがっしりと逞しい若い男たちに囲まれて、満天の星空の下でマティーニを飲んでいたりなんかしたら――本当に私が頂点を極めたとみんなは思うだろう。〔…〕でも、思いのままにしているものなど私には何もなかった。この、自分自身すらも〉

エスターはなんとか卒業論文でジョイスの『フィネガンズ・ウェイク』を取り上げようとします

が、どうしても書けません。このあたり、清水博子の『街の座標』や水村美苗の『私小説 from left to right』の主人公たちを思わせます。

繊細で早熟、皮肉屋で野心家、「心は不良」でお洒落も大好きな女の子。田舎出の優等生という自分の立場が大嫌い。だけど、いわゆる「蓮っ葉」な遊び上手ではありません。どうにもならない現実を、それでもなんとか打破したいと、暗い情熱を消すことができないのです。

そんな「若きエスターの悩み」を描いた『ベル・ジャー』(一九六三)ですが、エスターの周囲に配置された青春群像にも要注意。南部のお金持ちの娘で、奔放な遊び人のドリーンは、その空虚で八方破れな行動のせいで、エスターの調子を狂わせます。バディは、エスターにモーションをかけながらも他の女性と遊び歩きます。バディは男性上位の世界観を持ったマルコとともに、男という生きものの粗野で横暴な鈍さをよく体現しています。

そしてそのバディの知人であり、小説の終盤に姿を現して急速にエスターに深くかかわってくるジョーンという娘は、登場の瞬間には持っていたはずの生命力をどんどん失っていき、エスターが抱えている自殺願望をどんどん吸い取っていって、ついには破滅の道を突き進んでいくのです。

詩人シルヴィア・プラスは、たったひとつの長篇小説『ベル・ジャー』——そこには自伝的要素も少なからず見られるようなのですが——を刊行した翌月、オーヴンに頭をつっこんで自殺してしまいました。

「で、あなたは何になるつもり、大人になったら」
「わかりません」

エリザベス・ボウエン『リトル・ガールズ』
Elizabeth Bowen, *The Little Girls.*

セント・アガサ校の校庭には、曲がったブランコがあった。これをその当時、みごとに乗りこなしたのは、ダイアナ・ピゴット、シーラ・ビーカー、クレア・バーキン＝ジョーンズの三人のリトル・ガールズだけだったという——。

綽名《あだな》をそれぞれダイシー、シーキー、マンボといった三人の娘たちは、その後に起こったふたつの世界大戦をくぐり抜けて、半世紀ののち、オールド・ガールズ（文字どおりセント・アガサ校のOG）となって再会します。ダイアナは夫ドラクロワ氏と死別し、いまはガーデニングを趣味としています。シーラは不動産業者アートワース氏と結婚し、ちょっとした地元の名士的存在となっている。そしてクレアは短い結婚生活を終えて旧姓に戻り、高級輸入品ショップのチェーンを経営するやり手の実業家なのでした。

ダイアナの呼びかけで五〇年後に再会した三人は、セント・アガサ校の校庭に埋めた金庫を掘り出しに行くことになります。三人がセント・アガサ校の生徒だったころに、「あるもの」を入れてこっそり埋めた、ほかのだれも知らない秘密の金庫を——。

一九一四年、一一歳だった三人の友だち関係は、つねに協調と対立、好意と反感とを同時にはらんでいて、複雑なマーブル模様を描いていました。それぞれが秘密を抱え、それを完全には共有できないまま、緩やかな友人関係のなかにいたのです。

この、いつまでも解決されない不協和音の描きかたが、作者はとても上手。その棘をあいだに挟んだまま、少女から老年期へといたってしまった三人の姿を見ていると、ありきたりの平板な友情物語では味わえない切なさがこみ上げてきます。

ここで大事なのは、この三人がとくべつに仲よしではなかったという点です。この三人がセント・アガサ校で行動をともにしたのは、「たまたま」だったのです。だからお互いに「あの子のこういうところが疎ましい」という苛立ちや嫌悪を抱えたまま、これといった理由が見当たらないのにいっしょの時間を過ごしていたのでした。それがどんなにプレシャスな時間だったか——といっても、エリザベス・ボウエンは、再会後の三人を月並みなドラマティックな感動物語に放りこむことはしません。三人のあいだにあるのは、そんな安っぽい秘密ではないのですから。

ミステリ的な興味も持たせつつ、甘ったるい感動を断乎拒否することによって、『リトル・ガールズ』(一九六四)はもっともっと切ない気持ちにさせてくれました。クレアが金庫にしまった「あるもの」の正体を読んだとき、作者の美意識の高さに、私の呼吸は一瞬止まっていたのです。

安全は第一じゃありません。善、真それに美が第一。

ミュリエル・スパーク『ミス・ブロウディの青春』
Muriel Spark, *The Prime of Miss Jean Brodie.*

〈裁縫の時間はみんなにとっては息抜きの時間で、クリスマスまえ、ブロウディ先生は毎週の裁縫の時間に『ジェーン・エア』を朗読し、聴いている生徒は、我慢ができなくなるまで親指を針で刺し、すると縫う布地におかしな小さい血の斑点があらわれて、血痕で模様ができるくらいだった〉。ミュリエル・スパークの『ミス・ブロウディの青春』（一九六一）、これはほとんど神業《かみわざ》のような小説です。皮肉な展開と真顔のギャグ、そしてガーリッシュなディテールがたまりません。

マーシア・ブレイン女子学園で教鞭を執るジーン・ブロウディ先生は、ちょっとはねっ返りの進歩派。〈三十歳から上で、戦争のため結婚できぬうち年をとり、やがて新思想を求めて発見の航海にのり出したり、芸術、社会福祉、教育、宗教での実践活動をどしどしやってけっこう忙しい、といった女性〉たちのひとりです。

やる気が余っているのか、新しい教育に向いた生徒たちを集めて、ブロウディ組《セット》なる親衛隊ふうの生徒集団を組織して、なにかと校長先生とは対立気味です。そんな先生には、第一次世界大戦で戦死した彼氏がいたとか。

物語は少女たちがブロウディ先生の薫陶を受けはじめて六年たった一六歳のころからスタートしますが、はるか未来、第二次世界大戦後からの回想の視点での語りがそこここに入るのが刺激的。

ブロウディ組《セット》のメンバーは、喧嘩っ早い学級委員のモニカ・ダグラス、〈セックス・アピールで有名〉なのにほんとは純潔?なローズ・スタンリー、小柄で身軽なユーニス・ガードナー、朗読が得意で文学好きな夢想家のサンディ・ストレンジャー、女優志望の美人ジェニー・グレイ、そして少々おつむの足りないメアリー・マッグレガー。

サンディとジェニーは、ふたりで物語を合作しています。それは、ミス・ブロウディと戦死した恋人ヒュー・カラザーズとの物語なのでした。

やがて現実のブロウディ先生にも、ふたりの男性の影がちらつくようになります。ひとりは中等部の音楽のラウザー先生、もうひとりは高等部の美術のロイド先生。学園でこのふたりだけが男性教師だったのです。ブロウディ組《セット》のメンバーたちは、この新しいロマンスに大注目!

ブロウディ先生が休暇中にイタリアに行き、当時盛り上がっていたムソリーニのファシスト党にかぶれて帰ってきたり、ロイド先生がブロウディ組《セット》の女の子のひとりと特別な関係になったりと、アイロニカルでグロテスクな挿話をひとつひとつ積み重ねて、息を呑むほど残酷な破局へと導く手際は天才的。スパークの小説はどれも好きですが、やはりこの作品が一番のお気に入りです。

安物の装飾品――
少女たちはそれを「きらきら」と呼んだ――

リュドミラ・ウリツカヤ『それぞれの少女時代』
Людмила Улицкая, Девочки.

〈きらきら輝く茶色の目、しっとりした黒髪、茶色の制服〉。リーリャことリリカ・ジジェモルスカヤは富裕な家庭に育った一一歳だ。最近厭なことがある。放課後、校門のところでボドリクという男の子が待ち伏せして、なにかと厭がらせをしてくるのだ。ボドリクをやり過ごそうとして、鋼の槍を戴いた学校の塀を乗り越えて、綾織りのコートを破ってしまったこともある。

その日ボドリクは家の門までついてきた。〈なんでお前らユダヤ人は、俺らのキリストを磔にしたんだよ〉。ボドリクはリーリャを抱き締め、コートを剝ぎ取り、スカートの下に手を入れようとする。リーリャは鞄で少年の股間を一撃し、両肩を摑んで、唸り声を上げて力任せにドアに叩きつける。何度も何度も。〈長い間ボドリクはリーリャに、複雑な感情――リーリャの清潔で満ち足りた生活に対する無意識の嫉妬と、憧れと、悪意とがないまぜになったもの――を抱いてきたが、そんな感情は、力の大きさからいっても、本質的な正当性からいっても、今リーリャの心で荒れ狂っている怒りの猛烈な爆発とは比べものにならなかった〉（「その年の三月二日……」）。

男女共学法令が出たため、隣の男子校と合併した女子校の五年B組には、幼い恋文が飛び交っている。けれど貧しい家に育った劣等生ターニカは、ドイツ帰りの長身でお洒落な一児の母・ルキナ先生に夢中。〈頭のてっぺんから爪先までこれみよがしの派手さで、とりわけ足が挑発的だった。ほとんど素足のように見えるのは、ストッキングが色のついていない透明なもので、しかもシームレスだったからである。これが最新流行の贅沢なのだ〉。〈髪が、講堂においてあるグランドピアノの蓋のようにつややかに輝いている。実際、特別につやを出す整髪料を振りかけていたのだが、そんなものがあろうとは、世界の大陸の六分の一を占めるこの大国ではまだ知られていなかった。赤い口紅は、小さな口の輪郭から少しはみ出している。黒いリボンのついたモスグリーンのローヒールの靴と、やはりモスグリーンのハンドバッグが、信じられないほど見事に合っているし、指には、当時だれもはめていなかった結婚指輪をはめている〉。ターニカは先生に花を贈るために体を売って、後悔しない(「かわいそうで幸せなターニカ」)。

リュドミラ・ウリツカヤの連作短篇集『それぞれの少女時代』(二〇〇〇)では、一人称小説や視点人物べったりのモダン小説には出せない、「神の視点」の語りにこそ可能な愛情と皮肉を味わうことができます。スターリン時代末期の女性下着の劣悪さを、これは〈人民の敵〉が考案したのではないか、と書いているのには笑えました。

蓮《リエン》、世界一大事なあたしの親友、
痛みはそのうちおさまるよ。

Lulu Wang, *Het Lilietheater (The Lily Theater)*.

ルル・ワン『睡蓮の教室』

女子の苛烈かつ壮絶な友情と別れの物語というと、前回の単行本『文藝ガーリッシュ』でもいくつか取り上げましたし、近年では嶽本野ばらの『下妻物語』連作が知られています。この分野でも出色の作品が、ルル・ワン（王露露）の『睡蓮の教室』（一九九七）。一九七二年から七四年の文化大革命の時代を、一二歳から一四歳というただでさえ厄介な年齢で生きた楊水蓮《ヤンシュイリエン》（作品の題は睡蓮ですが、主人公の名は水蓮）と、同級生・張金《チャンキム》の物語です。

北京師範大学に勤める母と医師の父を持つ〈わたし〉水蓮（蓮）は、第一階層に属している。中学に入学した日、同級の金という小汚い子がクラスの男子たちから暴力的な虐めにあっているのを見て驚く。二年遅れで年上なのに痩せっぽちで小学生の男の子にしか見えない金は、泥小屋地区に住む第三階層の子。成績も学級で最低ランクで、どんなに蹴りを入れられ、不当な仕打ちを受けても、澱みなく悪態をつき続け、なにがあっても涙を見せない。家では美しい妹潔寧《ジエニン》のほうが可愛がられ、自分はいつも貧乏籤を引いている。学校でも家庭でも、抑圧された子どもたちや大人たちの憤懣のはけ口になってしまっているのだ。金の強い眼差しに打たれた蓮は、彼女をスケープゴートの立場から救う決意を固める。プロレタリアらしい（進歩的な）考えを持ち、成績優秀で、スポーツにも優れた生徒〈三好生〉の選抜が、毎年一回行われていた。蓮は金が三好生に選ばれるように、密かにコーチすることになる。

皮膚病が悪化した蓮は一時期、再教育施設〈労働改造農場〉に収容された母とともに暮らすことになり、ここで歴史家の秦《チン》先生や〈人食い〉と綽名されるおじさんから、なにが正しくてなにが間違っているのかについて自分の頭で考えるとはどういうことなのかを教えられる。

学校に戻った蓮は金の秘密特訓を再開した。金は並外れた運動能力と強靭な意志を持っており、また数学や天文学において即座に蓮を凌駕する。テストや運動会や下放教育（農村での奉仕活動）でクラスのみんなに実力を見せつけていく金。けれどそんな彼女を待っている運命はけっして平和なものではありませんでした。

栄養不良で一六歳なのに初潮がこない金が、悪童たちの掘った落し穴に落ちて負傷したお嬢さまの蓮を背負って、夕刻の町を病院へと進む場面は美しすぎ。〈金におぶわれているのは気持ちがよかった。私はこの道行きの一刻一刻を記憶にきざみつけようと意識した。こんなにしっかり抱きあえる機会は、これが最初で最後かもしれない。そうわかっていたから〉。あまりに残酷な別れは、そこまで迫っていました。

あそこにはスパイがいるに決まっているからだめだ
とわたしは言った。

アンナ・カヴァン『はるか離れて』
Anna Kavan, Out and Away.

〈わたしは本当にここが嫌いだ。何もかも嫌で嫌でたまらない――女の子たちも、教師たちも、校則も、ぞっとするような制服も〉。一二歳以下に見られることもある幼い見かけの〈わたし〉は、テニスをしていて審判の子と揉め、担任の先生から〈すぐにコートから出て、教室にお戻りなさい〉と言われてしまいます。〈適応不能というのは、いったい何に対してなのだろう？　この間の抜けた、いまいましい学校に対してだろうか？　それならばむしろ望むところだ〉。これからは自分で口を利くこともすまい。〈わたし〉の緘黙《かんもく》の行《ぎょう》の決意は固く、何日かするうちに、好奇心いっぱいの同学年の子たちは〈わたし〉とのコミュニケーションを諦めはじめました。周りにだれもいないかのように振る舞う〈わたし〉に、同じ寮の女の子たちは怒り、〈わたし〉を仲間外れにします。〈これこそわたしが望んでいたこと、わたしにぴったりのことだった〉。やがて職員を含む学校じゅうが〈わたし〉を無視するようになります。

みんなが校内の庭や果樹園で思い思いの仲よしグループで過ごす日曜の午後だけが厭でした。みんなといっしょにいたくはなし、といって好奇の目で見られるのもつらい。〈このときだけは、本当に話し相手が欲しかった〉。〈そうして、本当に話し相手ができた。まったく申しぶんがなかった。九歳か十歳の頃から思い出したこともなかった双子の姉がいきなりやって来て、小さい頃よくしてくれたようにわたしに付き合ってくれたのだった〉。

〈姉〉と再会してから、〈わたし〉は〈いなくなる〉ことができるようになりました。〈目の焦点をずらすと部屋が消えて見えるのと同じように、ぼんやりとしたものの中に入りこむといった感じだ〉。周囲の女の子たちは、〈わたし〉がほんとうは自分たちといっしょにいないことに気づき、どなったりつねったりするようになりました。それは〈わたし〉にとって〈他の部屋で起こっていることであって、わたしには何の影響もなかった〉。それに〈わたし〉はクラスではいつも首位に近い成績だったから、教師たちは〈わたし〉が〈いなくなる〉ことに苛立ってもどうしようもないのでした。そして〈君はどこに行ってるの？　そこで何をしてるの？〉と精神科医に根掘り葉掘り訊かれて困っていると、いつだって〈わたし〉より頭がいい〈姉〉が〈わたし〉の口を借りて喋り出し、助けてくれます。

潔癖な切実さに貫かれたアンナ・カヴァンの『はるか離れて』は、死後刊行の短篇集『ジュリアとバズーカ』（一九七〇）中の一篇です。

私はもう孤立無援の身ではなかつた。自分の前途には進路がひらけたのだ。

セルマ・ラーゲルレーフ『わが生涯の思ひ出』
Selma Lagerlöf, 原題不詳

一八五八年一一月二〇日の夜更け、北国の地主の家に女の子が生まれた。新生児の祖母に乞われて、隣家の牧師夫人はカード占いをする。〈いたづらつぽい黒い瞳と、長い鉤鼻の持主〉で、当夜の出で立ちは〈おほきな黒い頭巾をかぶつて、額にとがつた庇をたらしてゐた〉。生まれた子どもは病気がちだろう、長旅も転居も多いだろう、貧乏暮らしもするだろう、書物のために多忙となるだろう、そして結婚しないだろう、と彼女は予言する。

七歳。〈私〉は読書好きの娘に育ち、本の世界に魅せられる。〈人生のあらゆる富が私のはうへながれてきた。そこには戀や勇氣があつた。美しい高貴な人間やいやしい惡黨がゐた。また危難と喜びや、幸福と苦惱があつた。そこには、私を緊張させはらはらさせる、巧みに織りなされた事件があつた〉。転居の予言は当たった。九歳のとき、ストックホルムで脚の治療をすることになったのだ。闘病中に〈私〉はさまざまなお芝居に夢中になる。

一五歳の春の夕べ。庭の裏の小さな森を散策していると、二行の詩句がふと口をついて出てく

る。〈あはれ菩提樹の蔭は暗く、／風は愁はしげにそよ吹けり〉。自分にも韻を踏むことができた！

二三歳のとき、家が没落した。女子高等師範学校受験のためにストックホルムを再訪する。授業料無料の特典を受けなければ、家庭教師になるほかないのだ（家庭教師の含意するものについては、本書九二頁を思い出してください）。〈私はひとかどの事を學ばなければならなかつた。さうでなかつたら、自分の生涯の目標に達することはできないのだつた。私はもうそんなに子供つぽくはなかつた。歩きまはり、希望し、夢みるだけで、なにかひとかどの者になることができるとは思つてゐなかつた。女流作家として立つには、知識が必要だといふことを私は知つてゐた〉。

そして、エルサレムのホテルに泊まっている〈私〉のもとに、黒い肌の男占い師が訪れ、灰白色の海砂をテーブルの上に撒いた。さらに〈私〉が文章を書くことを気に掛けているのだろうと言い当てて〈私〉を驚かし、〈私〉に信仰の父アブラハムと賢者ソロモン王の相があると言い残して立ち去る。金目当てのおべっか使いなのか？　いやそうではないと〈私〉は打ち消し、心のなかで強くこう思うのでした――〈彼はただ、おとなになつて子供の頃の夢を實現する人は、いにしへの賢人の幸福がさづけられ、また幸運の星によつてみちびかれることを言ひたかつたのです〉。

『ニルスのふしぎな旅』で知られるセルマ・ラーゲルレーフの自伝的スケッチ『わが生涯の思ひ出』には〈私の五十回目の誕生日に記す〉との但し書きがあります。女性としてはじめてノーベル文学賞を受ける前年のことでした。

どんな本とつきあうかより、本とどんなつきあいをするか。

私にはいま何人も、読み巧者の友だちがいます。これはいまの私の自慢です。

その多くは私より若く、しばしばここ一〇年以内に識った人たちです。彼らにはいつも感謝しています。

以前、何人かで食事をしていて、どういう文脈だったのかすっかり忘れてしまいましたが、私がなにげなく「本だけはべつだからね」と言ったことがあります。

すると、同じテーブルにいたｓさんが、予想外の力強さで私の言葉に同意したのを見て、驚くとともに心強く思ったものです。子どものころ、あることがきっかけでｓさんが本にハマったことは知っているのですが、そのときのことをいつか根掘り葉掘り訊いてみたいと思いつつ、なかなかチャンスがありません。

ｉさんは真摯で才能に溢れ、恐ろしく大人です。本に入れこむ人間が、私のように幼稚な人間ばかりというわけではないのです。

ｍさん（女性）もｒさん（男性）も、ウェブ上でレヴューを書いている人たちでした。彼らの書評を読んで、その才能に嫉妬するところから、私の文筆活動は始まったと言えるかもしれません。

私が書くものには、きっと彼らの影響があるはずです。

読み巧者な人に会うと、その人がいったいどういう経路で、どういう本を通って、現在にいたる読書生活を送ってきたのか、興味が湧いてしかたありません。

友だちと本について会話が成立するためには、好みがあまりにかけ離れていてはもちろん具合が悪いのですが、意外にも、重大な点で食い違っているほうがおもしろいということがあります。

zさんと話していて、なにかのはずみで『第七官界彷徨』の話になった——「なにかのはずみ」のわけがない、どうせ私が無理やり『第七官界彷徨』の話を始めたんだ——ときのこと。

zさんが申し訳なさそうに、こう「告白」したのです。

「尾崎翠、どうしても最後まで読めないんです。文体が苦手で」

私はつぎの瞬間、抜刀してzさんをひと太刀で斬り捨てた。

などということはありません。

そのとき、たまたま日本刀を持っていなかったのですが、それが理由ではありません。

死んだ妹にzさんがたまたま似ていたからでもありません。そもそもうちの妹はべつに死んでいませんし、それに、そう言えば私には妹がいない。

本にたいする評価が違ったくらいで敵になっていたら、世のなかのだれとも会話できませんものね。彼女がふだんする話や書いた文章から、私はzさんの本にたいする姿勢を信頼し、また読み巧者として尊敬してもいるので、この程度のことで彼女を「判ってない人」あつかいする理由がないのです。

読者どうしのあいだに会話が成立するかどうかは、「××が好き」「嫌い」の問題ではない。本というものにたいするその人の姿勢全体の問題なのです。

「どんな本とつきあってきたか」よりも、「本とどんなつきあいをしてきたか」のほうが、その人を決定づけてしまうのかもしれません。

じつは「同じものが好き」な人どうしのほうが、それを巡って対立したときが深刻です。これは、小は同じ芸能人を好きになった小学生どうしの不仲から、大は宗教戦争の歴史まで、多くの事実が証明してきたとおり。

だから中井英夫の読者どうしが仲悪かったり、森茉莉をダシにして自分語りをする森茉莉ファンにかぎって、他人が同じことをするのにたいしては妙に厳しかったりします。信者どうしはけっこう同床異夢なのです。

私が好きなのと同じ本を、たまたま盲目的に愛している「信者」よりは、私の好きな本をたまたま苦手で読めないけど、本というものとのつきあいかたにおいては信頼できる人とのほうが、よほど会話が成り立つし、そういう人と出会うことのほうが稀有で貴重なのです。

だって、

「私の好きな本を好きな人」

くらい、検索すればざくざく、馬に喰わせるほど出てくるでしょ?

IX

ロマンスと反《アンチ》ロマンス。

恋をするとだれでも自分を欺くことから始まり、
他人を欺くことで終わるのがつねである。
これが世の、いわゆるロマンスである。

モーリス・トンプソン

人生が戦いであるとすれば、私はただ一人で戦う運命にあるように思われた。

シャーロット・ブロンテ『ジェイン・エア』『ヴィレット』

Charlotte Brontë, *Jane Eyre*, *Villette*.

一九世紀英国小説を読むうえで欠かせないことは、女子に家財継承権がなかったということです。結婚をめぐって展開するオースティン作品の悲喜劇も、ブロンテ姉妹の教師体験も、このことを背景にして読まれるべきでしょう。

シャーロット・ブロンテが同じイニシャルのペンネーム「カラー・ベル」名義で刊行した『ジェイン・エア』（一八四七）は、孤児物語というジャンルの最高峰。継子《ままこ》いじめ、施設での成長、親友の病死、教師としての立身、家庭教師（ガヴァネス）への転進を経て、ロチェスター氏と結婚しようとしたとき、氏には精神を病んだ妻がいたことが判明します。

ショックで氏のもとを飛び出し、行き倒れそうになったところを、セント・ジョン牧師に助けられ、そのまま結婚しそうになるのですが、最終的にはロチェスター氏のもとに戻るのです。氏は前年の火事で妻を、そしてみずからの身体の自由をも失っていたのですが――。

『ジェイン・エア』はたしかに、圧倒的な娯楽性と鬼気とを兼ねそなえた傑作です（ウィンターソンの『オレンジだけが果物じゃない』の主人公の母は、ジェインが牧師と結婚する二次創作を捏《こ》ねあげて、それが『ジェイン・エア』なのだと娘に吹きこんでいました）。

しかしこれだけでシャーロット・ブロンテとのつきあいをやめてしまうのは、あまりに勿体ない。『ヴィレット』（一八五三）は彼女が最後に完成した作品で、オースティンの『高慢と偏見』にベルナルダン・ド・サン＝ピエールの『ポールとヴィルジニー』を接木《つぎき》したかのごとき、不思議な魅力に満ちた作品です。

天涯孤独のルーシー・スノウはラバスクール王国の首都ヴィレットに移り、ベック夫人が経営する女子寄宿学校の英語教師として働きはじめます。彼女は、異国での孤独とカトリックにたいする違和感を抱え、校医でルーシーの名づけ親の息子でもあるハンサムなジョン・グレアム・ブレトンに思いを寄せます。けれど、彼は伯爵令嬢ポーリーナに惹かれていくのでした。

ポーリーナにとってルーシーは、信頼できる生真面目な教師です。ポーリーナのいとこで浮わついた美少女ジネヴラから見たルーシーは、薹《とう》の立ったお堅い非モテの解らずやに過ぎません。しかしルーシーの真価を見抜く炯眼な人物がいました。ベック夫人のいとこポール・エマニュエル教授です。

彼は、なにかにつけてルーシーに口煩《うるさ》く厭味を言う、ヒステリックな中年の小男として登場し、ルーシーにつぎつぎと難題を吹っかけます。学園祭の劇の代役を押しつけ、コレージュの教授たちの前で公開諮問を無理矢理受けさせます。しかしルーシーはそれらの難関を自力で突破することによって、自分でも知らなかった自分の強さと賢明さを、徐々に開花させていくのでした。

いっぽうこの小説にはミステリ的な展開もあります。ルーシーは一度ならず、修道女の幽霊（？）らしき謎の人影が屋根裏に出没するのを見るのです。生き埋め修道女の伝説が怪奇小説的な彩りを添えますが、解決篇の皮肉極まりない真相は『高慢と偏見』を意識したものでしょう。

終盤でポール・エマニュエルが乗りこむ船の名が〈ポール・エ・ヴィルジニー号〉なのはその後の展開を予測させてちょっとベタですけれど、『ヴィレット』は『ジェイン・エア』以上に成熟した、味わい深い作品なのです。

骸骨に違いないわ、きっとロウレンティナの骸骨だと思うの！

ジェイン・オースティン『ノーサンガー・アベイ』

Jane Austen, *Northanger Abbey*.

一八〇三年に完成し、作者ジェイン・オースティンの歿後に刊行された『ノーサンガー・アベイ』（一八一八）には、三組の兄妹が登場します。一六歳（なぜか冒頭では一七歳と書いてある）の中流階級の娘キャサリン・モーランドと兄ジェイムズ、ジェイムズの友人ジョン・ソープとその妹イザベラという美しくも浮薄な兄妹、そして主人公が当時のお洒落な保養地バースで知り合うフレデリック、ヘンリー、エリナーの富裕なティルニー三兄妹です。

一五歳になると、〈「キャサリンはとてもきれいな娘になりましたわ——このごろでは美人だといってもいいくらいですわ」という言葉を、彼女は折々耳にした。なんという嬉しい響きであったことか！　生れてから十五年間も不器量であった娘にとって、美人の「ように」見えるということは、赤ん坊のときから美人であった娘よりも、もっと嬉しいことなのである〉。

彼女は当時流行していたゴシックロマンスに出てくる古城の亡霊やヒロインたちの数奇な運命といったシチュエーションに夢中です。かつてのドン・キホーテやのちのエマ・ボヴァリーに通じるキャラクターですね。

バースでキャサリンは、兄の親友であり親友の兄でもあるジョンの押しの強さになんとか対抗しながら、ヘンリーに心惹かれています。いっぽうジェイムズはイザベラに接近し、彼女もまんざらではない様子ですが、位の高い軍人のフレデリックもまた彼女に接近するのでした。保養地の社交場での二組の三角関係を優雅に皮肉っぽく描く第一部は、それまで自分の頭でものを考えることがなかったヒロイン（そうはっきり語り手に言われちゃうんです）が、自力で意思を持つに至る過程に充てられています。

後半、ティルニー家の人たちに連れられて、ゴシックホラー好みのノーサンガー修道院を訪れ、そのおどろおどろしい雰囲気にすっかり魅了されたキャサリンは、亡くなったといわれているヘンリーの母がじつは夫に幽閉されているのではないかと想像を逞しくし、探偵行為に乗り出します。彼女が与えられた寝室にある、怪しげな杉の櫃と、どうしても開かない黒い飾り箪笥。そのなかから出てきた謎の文書を読もうとしたとき、蠟燭の火が消えてしまう――。

果たして彼女はティルニー家の謎（？）を解くことができるのでしょうか。〈ひとつの小説のヒロインが、べつの小説のヒロインから支持されなければ、いったい誰に保護され、誰から尊敬してもらえるというのだろう？〉小説という表現形態の歴史のなかでも最高峰に位置する小説家が送る、ホラー風味の極上結婚喜劇です。

きっといつかは
もっと幸福な時もまいることでございましょう。

ピエール・ショデルロ・ド・ラクロ『危険な関係』
Pierre Choderlos de Laclos, *Les Liaisons dangereuses.*

本書で取り上げる作品は、いまは読まれなくなったものがどうしても多くなってしまいます。シャーロット・ブロンテやジェイン・オースティンだって『ジェイン・エア』『高慢と偏見』だけでなく『ヴィレット』『ノーサンガー・アベイ』を選んでしまいましたし、ブローティガンにしても、女子の定番となって文庫化されている『西瓜糖の日々』ではなく、やや入手しづらくなっている『ソンブレロ落下す』というはずしかたをしてみました。そんなわけですっかりマイナー作品の紹介のようになってしまったお手紙ですが、ここで文学全集の常連作品を(いまさらですが)取り上げてみようと思います。「文学全集の常連作品」というあたりが、じつはすでにちょっと「もう読まれてない感」漂ってますが。

ピエール・ショデルロ(コデルロス)・ド・ラクロの書簡体小説『危険な関係』(一七八二)がそれです。職業作家ではなく、軍人が余技に書いた小説で——とはいっても一八世紀にはいまほどたくさんの職業作家はいなかったようですけれど——、小説として知られているのはほぼこれ一作とも言われています。

といってもこのお話、あまりにも有名で、ここでわざわざ筋の紹介をするにも及ばないのですが、簡単に言うと、パリの社交界を舞台に、当代を代表する漁色家ヴァルモン子爵と、奸智に長《た》けた魔性の美女メルトイユ公爵夫人とが、それぞれに企みの網を張り、題名どおりの危険な関係（複数形）を構築しては崩壊させてゆくありさまを、登場人物たちの一七五通の書簡によって描いてゆく優雅な小説です。彼らの毒牙にかかり、姦計の糸に絡めとられるおもな犠牲者は、貞潔さ・敬虔さを絵に描いたようなツールヴェル法院長夫人、純真な美少女セシル・ヴォランジュ、そしてセシルを慕う一途な青年ダンスニー騎士。これにヴァルモン子爵の伯母やセシルの母などが絡んで、できごとの流れは音楽的なまでの精緻さで破局へと向かいます。小説が一九世紀のオレオレ浪漫主義や厚塗りリアリズムによって失ってしまった優雅な人工性が、一八世紀小説では楽しむことができるのです。

ロジェ・ヴァディム、藤田敏八、スティーヴン・フリアーズ、ミロス・フォアマン、ロジャー・カンブルらによって何度も映像化された傑作。最新のものは李在容《イ・ジェヨン》監督、裵勇俊《ペ・ヨンジュン》主演の『スキャンダル』です。

平静な気持ちで、ブライオニーはなすべきことを考えた。

イアン・マキューアン『贖罪』
Ian McEwan, *Atonement*.

一九三五年の真夏、英国の田舎町に住むブライオニー・タリスは一三歳で、奔放な想像力——あるいは妄想力？——の勢いに乗せて創作に励む毎日を送っています。イギリスの片田舎。それなりに裕福ですが、歴史らしい歴史を持たないタリス家の屋敷です。大好きな兄リーオンが、友人ポールをつれて久しぶりに帰ってくるので、ブライオニーはお芝居を書いて、家のみんな——気に食わない従姉弟たちも加えて——で兄のために上演しようと楽しみにしていました。

姉のセシーリアは大学を終えて戻ってきたところ。アドリエンヌ・ムジュラ（本書一一〇頁参照）よりは恵まれているとはいえ、これから人生をどう過ごすかを考えている点では同じ、デリケートな立場に立っています。そのセシーリアと、タリス家の敷地に住むロビー青年との、緊張感に満ちたやりとりを、妹のブライオニーは文脈がよくわからないまま、覗き見してしまうのでした。ロビーはタリス家の使用人の息子で、少年時代からブライオニーたちの父に経済的な援助を受けて大学に進み、優秀な成績で卒業し、こんどは医学の世界へと進もうとしている青年です。

その夕刻から晩にかけて、ふたつの事件が起こります。ひとつはブライオニーがある——禁断の——場面を見てしまったこと、そしてもうひとつは従姉のローラがなにものかに襲われてしまったこと。ブライオニーは正義感に駆られて、犯人をつきとめたと信じたのですが、それによってタリス家の縁者たちの運命は、取り返しのつかないルートを辿ることになるのでした——。

後半部分は、折から勃発した第二次世界大戦下、完全に泥沼化した欧州戦線で撤退を余儀なくされたロビーと、小説家になる夢を捨てぬまま見習い看護婦となったブライオニー、そしてともすれば運命の理不尽に挫けそうになる心を奮い立たせて、自棄の泥沼に嵌まらぬように戦っているセシーリアが描かれます。

ブライオニーが出版社に持ちこんだ原稿を読むのが、のちにあの『リトル・ガールズ』（一四〇頁参照）を書くエリザベス・ボウエンだったり、冒頭にオースティンの『ノーサンガー・アベイ』（一六〇頁参照）の一節が引用されたりと、いろんな「合図」が埋めこまれていて、とてもスリリングな小説です。しかしなんといってもその結末——一九九九年のロンドンでブライオニーが語る部分も含めて——があまりに厄介なものなので、この複雑な入り組んだ味わいを簡単にここで説明することはできません。

イアン・マキューアン『贖罪』（二〇〇一）、こんな小説がまだ残っていたのか。二一世紀文学もけっして捨てたものではありません。

文學少女の二冊目の手帖9

感動に共感は必須ではない。

なにか小説が自分にとって意味があったというときに、「共感できた」と言う人をよく見ます。

逆もまたそうで、その小説が自分にとって好ましい意味を持たない、という意味で「共感できない」と言う人もよく見ます。

ためしに「つまらない小説」「共感できない」でウェブ検索すると、こういう文章がいくらでも釣れるのです。

「主人公が抱いている思いに共感できません。つまらない小説読んじゃったなぁ」

言い換えると、「これがいい小説かどうか、私は客観的には判定できないが、共感できた（できなかった）から私には意味のある（ない）小説である」といったところなのでしょう。

ちなみにこの文を書いた人が批判している小説を私は読んだことがありませんが、批判の内容自体は（小説を未読の状態で判断するなら）そんな無茶苦茶なこと書いてなくて、わりと真っ当に思えたのです。しかしどんなに真っ当なこと書いてあっても、

「共感できない→だから自分にとって読む意味がない」

という話の運びかたをした段階で、もうアウト。

この手の物言いがあきらかにするのは、その人

が「共感できるものにしか読む意味を見いだせない人」である、ということだけです。

こういう考えかたが、高校の現代国語の試験で出るような、下線部の主人公の気持ちをつぎのⓐ〜ⓞから選んだり、句読点を含めて三〇字でまとめたりする訓練の賜物なのかどうか、私にはわかりません。

とにかく共感するのがいい読書体験だと思ってる人ほど、感想文をブログに書きたがる。そして「私のことが書いてある」本、「自分だけじゃなかったんだ」と思える本が大好き。

いっぽう共感するとかしないとかより「他人の人生の話につきあうこと」「立場が違う人の話を聞くこと」のほうに意味を見いだす人、虚構なんて「架空の他人の人生」につきあうものだっていう当たり前のことがわかってる人は、そういう感想は書かない。

共感して感情移入しても、それはたくさんある「小説の特徴」のひとつに過ぎません。涙腺なんてお約束で生理的に緩むもの、読んで泣いたとしてもダメな小説はダメな小説です。

共感とか感情移入なんてものはいい読書体験の必須条件ではない。共感がないと楽しく読めない人って、どんな料理出しても「醤油ない？」って言う人です。

「醤油ない？」って言う人のなかでもとくに濃い口の人は、太宰治なんか読んでしまうと、

「これは俺のことが書いてある！」

と思う。あるいは「読者」をやめて「信者」になってしまう。

私が『文藝ガーリッシュ』を連載したのは、小娘《フィエット》を理解したからではありません。理解できている自信がない。というより、「理解できてない自信」しかない。

小娘《フィエット》に共感したからでもありません。共感なんて安易に口にできない。

当然ながら、代弁などできるわけがない。

まして小娘《フィエット》になりたいなんて、思ったこともない。

そもそも、ここに登場する小娘《フィエット》のみなさんは、ひとりひとり違っているのだから、ひと括りにできるわけがない。

私はただ、こう考えているだけなのです。

「ここに、私とは立場の違う、魅力的にして傍《はた》迷惑でもある、強烈な他人がいる」

「その他人を私に少しだけ諒解可能なものにしているのは、文学という方便である」

そしてここでつけ加えるなら、じつは、

「文学とは、理解していたつもりの他人を、私から見てある程度諒解不可能なものにする方便でもある」

私が『文藝ガーリッシュ』を連載したのは、だから小娘《フィエット》を理解したからでも、共感したからでもないし、代弁できると考えたわけでもなくて、たんに、ここに登場する小娘《フィエット》のみなさんが私にとって、

「厄介で面倒臭くて興味深い、魅力的な他人」

だからなのです。文学のいいところって他人の言葉とつきあえるところなのではないでしょうか。

このお話の続きは最後の章で。

X
夢見られたお嬢さんたち。

夢とは、現実の下を通るトンネルだ。
そこは、澄んだ水が流れる下水道である。
でも所詮、下水道なんだけど。

ピエール・ルヴェルディ

「ビー玉みたいな名前の女の子なの」

ジャン・コクトー『恐るべき子供たち』
Jean Cocteau, Les Enfants terribles.

富める人は富める人なりに、貧しい人は貧しい人なりに、パリという町にいると、大人になることを要求されてしまいます。そんなパリが好きでもあり、同時に大の苦手でもある私は、長らくジャン・コクトーの代表作のひとつ『恐るべき子供たち』を読むことを恐れていました。無理に大人になれと追い立てられる子どもたちを、被害者意識丸出しで描いていたら厭だな、と思っていたのです。

感じやすい心を持つがゆえにあつかいにくい一四歳の少年ポールは、二歳年上の姉エリザベートと病身の母と三人で、石でできたこの町に暮らしています。中途半端なことが大嫌いな姉は非常に激越な性格の持ち主で、弟のことを溺愛しています。ふたりは結界を張って、他人が踏みこめない聖域をつくりあげている。ふたりだけの部屋に閉じこもって、遊んだり本を読んだりして過ごしていたのです。

有名な雪合戦の場面で、ポールが崇拝するダルジュロス（人望のある美少年で、学校のヒーロー的存在）が投げた雪球を胸に受けて、ポールは昏倒してしまいます。なんという繊弱さ――しかしその弱さをこそ、仲間のジェラールは愛しているのでした。

ポールが安静を命じられているあいだに、ダルジュロスはどういうわけか昂奮して、校長に胡椒墨を投げつけるという奇矯な行動に出てしまい、放校処分となってしまいます。それを聞いたポールは、自分たち姉弟の秘密の宝物コレクションに、ダルジュロスの写真を加えるのでした。

ある日母が、椅子に坐ったまま前を向いて、硬直して、こときれていました。ポールの胸の病も重篤になり、看護婦のマリエットがふたりの母親代わりとなって生活を守ります。

やがてポールが恢復に向かうにつれて、ジェラールはエリザベートに恋心を抱くようになりました。ジェラールの伯父に海辺のホテルに招かれた姉弟は、その地でエリザベート主導のいろんな遊びに専心します。それは女の子たちをからかったり、店からがらくたをくすねるなどといった、小さな悪事であり、そこに巻きこまれたジェラールはいい迷惑でした。

この旅を経てポールは、だんだんと強く自由な存在へと脱皮していき、エリザベートはそんなポールを自分のコントロール下に戻したいと思うようになります。こうして姉弟のパワーゲームは新たな局面を迎えるのでした。

エリザベートは一九歳となり、マヌカンの仕事を見つけてきて、世のなかに出て働くと言います。ポールはそれが気に喰わないのですが、姉が職場で友人となった、悲しい境遇の娘アガートがダルジュロスにそっくりなのを見て、彼女に愛情を覚えました。アガートが姉弟と同居することによって、姉弟は異様な緊張関係に陥ります。

ジェラールの米国人の友人ミカエルが登場し、エリザベートの心を一瞬とらえるのですが、彼は速やかに惨死してしまいます。車高の低い車で走っていて、長いスカーフが車に巻きこまれ、車が横転して木にぶつかり、スカーフが締まって首が千切れてしまうのです。彼が遺した家に四人の若者たちは移りますが、そこは取り返しのつかない破局の舞台となります。その結末を用意したのはまたもや、あのダルジュロスでした。

雪合戦に始まり雪合戦で終わるこの小説は、大戦間にひとつの神話を織り上げた傑作でした。お見それいたしました!

ぼくたちには失うものなんか何もないんだ／星の他にはね

イルゼ・アイヒンガー『より大きな希望』
Ilse Aichinger, *Die größere Hoffnung*.

戦争で子どもが酷《ひど》い目にあう話に弱い。泣きのツボを押されてしまいます。それも、スタジオジブリの高畑勲監督作品で有名な野坂昭如の『火垂るの墓』のようなモロ可哀相な話より、アゴタ・クリストフの三部作『悪童日記』『ふたりの証拠』『第三の嘘』や、スティーヴン・スピルバーグが映画化したジェイムズ・G・バラードの『太陽の帝国』のように、寄る辺なき子どもが非情の世界をむしろ強《したた》かにサヴァイヴァルしていく型の話のほうが、よりグッときてしまいます。フォルカー・シュレンドルフによる映像化が記憶に新しいミシェル・トゥルニエの『魔王』でも、子どもたちは脇役ではありますが、健気《けなげ》に生きていました。自分のこの泣きポイントの原体験はなにかと考えたとき、どうやら少年時代に読んだイルゼ・アイヒンガーの『より大きな希望』（一九四八）あたりだったのではないかと思い当たります。

少女エレンはアーリア人で軍務につく父とユダヤ人の母とのあいだに生まれました。父は母と離婚、母もエレンを置いて米国に移住していて、エレンは母方の祖母と暮らしています。母のもとに行きたくてもヴィザが下りません。エレンの友人たちの運命はユダヤの六芒星を刻印されています。みんなで国境を突破して、約束の土地であるイスラエルを目指すのですが、秘密警察に見つかってしまい、逮捕されます。しかもエレンは、一〇〇パーセントのユダヤ人ではなかったせいで、ひとりだけ帰されてしまう。この切ない挿話は小説のほんの一部でしかありません。エレンはアーリア人たちからは排除され、しかしユダヤ人共同体と運命をともにすることもできないのです。

もっとも印象的なのは、エレンがビビやヘアベルト、レオン、ルートら子どもたちだけで隠れ家で聖家族や天使の出てくるクリスマス劇を演じる場面です。劇中の台詞は子どもたちの現状を反映してもいます。〈誰が我等に、自由の在り処を教えてくれるだろう?〉。秘密警察が来るまでのあいだ子どもたちを引き留めておくために、なに喰わぬ顔で劇に参加した捕吏は、子どもたちの台詞に耐えられず、床に突っ伏して泣き出してしまう。

そしてもちろん、将校に託された手紙を手に、いまはなくなってしまった橋から、自由を象徴する〈青一色の世界〉へと、エレンが跳躍する結末もまた、いつまでも記憶に残り続けます。彼女の遍歴は最後まで、密告と手榴弾と爆風によって彩られているのでした。〈走れ。もっと速く走るんだ。立ち止まると死ぬぞ。考えると忘れてしまうぞ。おまえが自分に追いつくまで待つんだ〉。

わたしがあまり少女趣味なので、
きっとお笑いになるでしょう……

フランシス・ジャム『少女たち』
Francis Jammes, *Jeunes Filles.*

信心深い巻毛の少女クララは、いまは亡き大おじジョアシャンとその婚約者との、かつての恋愛物語に興味を抱いている。父がジョアシャンの友人であるダスタン侯爵に渡す予定でまとめていたジョアシャンの手紙の束から、クララは二通の手紙をそっと抜き取り、部屋で密かに読む。

手紙は植民地グァドループからダスタンに宛てたもので、一通は婚約者ローラをフランス本土に船で送る旨書かれてあり、もう一通は、ローラの死を報せてくれた侯爵への、悲しみに満ちた礼状だった。〈さあ、もう今は、ぼくの愛するローラの霊よ、安らかにねむっていておくれ。〔…〕このぼくはたったひとり、悲しみと悔恨の思いに責めさいなまれながら、この地上に生きのびていくのだ。こうして残酷にもたったひとり残されたこのぼくに、きみは、ぼくたちの愛撫のはぐくんだ悲しい果実をもおいて行ってはくれなかったのだから〉。ローラの寝室のテーブルには、阿片チンキの壜が置いてあったという。

ロマンスを夢想するクララは、級友の兄で詩を作るのがうまいロジェ・フォシュルーズと話していて、感傷に襲われて泣き出してしまい、驚いたロジェはクララをそっと撫でさすって慰める。秋、寄宿学校に戻ったクララは体調不良に襲われ、ジョアシァンの手紙の末尾の〈ぼくたちの愛撫のはぐくんだ悲しい果実〉という一節を思い出す。〈ただ「愛撫」するだけでこどもが生まれるのだろうか。「愛撫」されたために、かわいそうなローラはおなかが大きくなったのだろうか。ああ、わたしにもそのことがわかっていたらなあ。なんてみじめなわたしなんだろう〉。

クララは家に戻り、教会に毎日通う。一八四八年三月一〇日の静かな午前、クララはジョアシァンの二通の手紙を焼き捨て、戸棚から阿片チンキの壜を取り出し、デレブーズ家の墓所とローラの墓とのあいだの白いヒヤシンスが咲くあたりで壜の中身を飲み干した。享年一七歳。

美しい田園風景と信仰を背景とするフランシス・ジャムの「クララ・デレブーズ　またはむかしの少女の物語」(一八九九)は、「アルマイード・デトルモン　または情熱の少女の物語」(一九〇一)、「ポム・ダニス　またはからだの悪い少女の物語」(一九〇四)とともに『三人の少女』として知られ、さらに死後刊行の未完作品「ジョンキーユ　または気のふれた少女の物語」(一九五四)を併せた『少女たち』という完全版も存在します。

家に帰り、少女は自分が「助けて」と叫んだことに愕然としました。

ジュール・シュペルヴィエル『海に住む少女』
Jules Supervielle, *L'Enfant de la haute mer.*

水深六千メートルはあろうという太平洋のまっただなか、その洋上に、ひとつのヨーロッパふうの町が、蜃気楼のように浮かび上がっては消えます。赤煉瓦の家並、ありふれた店、小さな窓がたくさんついた鐘楼。けれどそこには、だれもいません。萩原朔太郎の『猫町』を思わせる人けのない町です。たったひとり、一二歳くらいの女の子が、そこに暮らしています。木靴をはいて、海水のなかの道をすたすたと歩いていきます。

〈とんでもない美少女、というわけではありませんでした。前歯にちょっと隙間がありましたし、鼻もちょっと上向きでしたから。でも、肌は真っ白で、そのうえに少しだけ、てんてんがありました。まあ、そばかすといってもいいでしょう。ぱっちりというわけではありませんが、輝く灰色の瞳が印象的なこの少女、灰色の瞳に動かされているようなこの少女の存在に気づいたとき、あなたは時間の底から大きな驚きが湧き上がり、身体をつらぬき、魂にまで届くのを感じることでしょう〉

食べものは棚のなかに、自然と湧いてくる。壜を開けてジャムを使っても、またジャムは開封前の状態に戻ってしまう。パン屋には毎朝、焼きたてのパンが紙に包まれて現れる。

彼女は毎朝、道に並ぶ店々のシャッターを上げて歩く。そして教科書の詰まったランドセルを背負って学校に行く。だれもいない教室で、文法を、算数を、歴史や地理や生物を、ひとりで勉強する。夕方には店々のシャッターをまたきちんと閉じて歩く。祝日には町役場（もちゃんとあるんです）に旗を上げる。夜には明りのもとで縫い物をする。〈町には電気のある家が何軒かあり、少女は愛らしく気取らぬ様子で、電気のスイッチに手をやるのでした〉。

彼女の部屋の衣裳箱には、世界のあちこちからの絵葉書が入っている。シャルル・リエヴァンという署名と、スティーンヴォルドという住所があった。けれど彼女はこれらの名前に心当たりはない。ときに、自分も手紙を書かずにいられなくなり、取り留めもないことを書いては海に投げる。

ある日、三つ編みも広いおでこも厭になった彼女は、〈少しでも大人っぽく見えるように乱暴に髪をふりほどき、肩にたらしてみました。もしかすると、まわりに広がる海も何か変わるのではないかしら〉。

『日曜日の青年』『火山を運ぶ男』『ひとさらい』など、詩情溢れる作品を遺したジュール・シュペルヴィエルの代表作『海に住む少女』は一九三一年刊行の同題の短篇集に収録されています。ネタバレ覚悟で申しますなら、ホルヘ・ルイス・ボルヘスの短篇『円環の廃墟』と読み比べるのもまた一興かと。

朝が訪れるたびに、
からだは馴染みのないものに変わっていった。

フランク・ヴェデキント『ミネハハ』
Frank Wedekind, *Mine-Haha oder Über die körperliche Erziehung der jungen Mädchen.*

〈わたしたちは集まって服を洗った。年上の子たちが洗い物をして、ちいさな子たちが池のほとりにまっ白なワンピースを吊るした〉。〈わたし〉（のちに他の登場人物たちにヒダラと呼ばれることになります）は年上および同年輩の子どもたちといっしょに、白いワンピースを着て、森のなかの庭園で共同生活をしながら少女期を送ります。この回想の語り手は現在六三歳ということになっています。

一八、九歳のゲルトルートは幼い〈わたし〉にとって美そのものだった。彼女は〈わたし〉たちに独特の足運びを教える。〈わたし〉は九歳のとき、全裸で、体にぴったりの木箱に入れられて、女の子だけの家へと送られる。ヒダラは〈木々のあいだに滲む太陽を見つめ、ぼんやりとした頭で何故ここにいるのだろうと、そのことだけを考えていた〉。

ヒダラたちは木立と草原と川のあるその世界で、ダンスや奏楽（マンドリンやギター、ハープ、シンバルなど）の練習をして過ごす。七人一組で暮らす。年長の娘たちは、ある時期がくるとそこから姿を消すのだった。ここでヒダラは前の家でいっしょだったローラと再会し、七年間を過ごすことになる。

子どもたちのなかには、出かけていって劇場で踊っては戻ってくる子たちがいる。庭園には下働きをしているふたりの老婆がいて、ヒダラはその姿に恐怖を覚える。同室のヴェラによると、老婆たちは少女時代からここにいて、ひとりは他の娘と同衾したため、もうひとりは脱走を企てたため、一生出られなくなったのだという。

箱に入れられてやってくる幼い娘たち、厳しいオーディション、初舞台、劇場の収入で支えられている子どもたちの生活。この不思議な原稿は、八四歳の元教師ヘレーネ・エンゲルが、四階から転落死する三週間ほど前に、作者フランク・ヴェデキントに託したものとして紹介されます。

ヴェデキントの『ミネハハ』（一九〇三）は金井美恵子の『春の画の館』の系列の、飼育される子どもたちの物語としても読めます。映画『エコール』の原作として初めて訳されました。訳者あとがきによれば、〈戸田史子さんが、原文のドイツ語からまっすぐに訳してくださったものを、わたしが自分の言葉に色染めていく〉という作業だったそうですが、それでも〈市川実和子訳〉って言っちゃっていいのかしら。ついでに扉の裏の原題表記の副題部分がドイツ語じゃなくて英語なのも、なんか信頼できない感じで残念。

妹ってほんとに厄介よね、とアリスのお姉さんは思う。

スティーヴン・ミルハウザー『アリスは、落ちながら』
Steven Millhauser, *Alice, Falling.*

ミシェル・トゥルニエの、児童文学の古典を再読する批評『みどりの読書』（仏フラマリオン社刊。みどりの、というフランス語には「未成熟な」という意味もあります）によると、ルイス・キャロルに〈いつもいつも小さな女の子たちに取り巻かれて煩わしくなったりしないのかと友人が尋ねると、「あの子たちはぼくの人生の四分の三なのさ」と答えたのは、たぶん残り四分の一もあの子たちのものなのだということを慎み深く隠したのでしょう〉（拙訳）。

そんなわけでアリスをめぐる言説には、独身の数学者の夢想に纏わる、不穏な雰囲気が漂わざるを得ません。アリスを取り巻いて刊行されたあまたの書物が、しばしば執筆者である男たちのだらしない少女幻想を垂れ流すばかりの緩い本になりがちなのも、いたしかたありません。一九七〇―八〇年代の矢川澄子が、そんな男性論者たちの夢想に愛想も尽かさずに辛抱強くつきあってあげていたのも、男性であったキャロルへの義理立てだったのではないかとすら思われます。

もちろん、女であればアリスについてそれなりのことを言う権利があるというわけでもありません。かつて自分が少女であったという体験だけをもって、少女について語れると自認した段階で、女もまた思考停止の罠に嵌まってしまうのです。

シャーロック・ホームズほどではないにせよ、アリスもまた英国の文学の主人公として、さまざまな異本を生みました。そのなかにはいくつか、たいへん優れたものがあります。

レーモン・クノーの『フランスのアリス』という短篇では、〈英国では機関車は石炭で走るのよ〉と言うアリスは、〈フランスでは違うよ〉、〈フランスでは機関車は小麦粉で走るのさ〉と返されてしまいます（拙訳）。

スティーヴン・ミルハウザーの『バーナム博物館』（一九九〇）所収の『アリスは、落ちながら』は、いつまでたっても穴の底に落ちないアリスの意識を追った一篇。〈下へ、下へ、下へ。これはどう考えても変よ、とアリスは言う。だってそうでしょ、もうとっくに落ち終わっていいはずじゃないの〉。

いつまでも落ち続けるアリスは、食器棚に逢着し、ジンジャビアの壜を見つけて開けると、それはジンジャビアではなくソーダ水でした。やがて食器棚は上に向かって上昇していきます。〈「さあさあ」とアリスはきつい口調で自分に言う。「そんなふうに泣いたって、何にもならないでしょ！」。そう口にするやいなや、アリスは泣きやむ。というのも、彼女はふだんから、ちゃんと自分の忠告にしたがおうと努めている女の子なのだ〉。

文學少女の二冊目の手帖10

本は自我の外づけハードディスクではない。

自分に興味があって本を読む人たちがいます。太宰治信者だけじゃない。尾崎翠信者だって野溝七生子信者だって森茉莉信者だってそうです。「自分」を見つけたくて『第七官界彷徨』や森田たまの『石狩少女《をとめ》』、野溝七生子の『山梔《くちなし》』を読む人にとっては、これらの本は自我の外づけハードディスクです。

私にとっては逆に、ヒロインである小野町子も野村悠紀子も由布阿字子も、魅力的な「他人」。こちらを不安にさせたりうんざりさせたりやきもきさせたりしてくれる他人であって、間違っても自分じゃない。ふだんは自分のことで手いっぱいなので、せめて読書のときくらいはアラブの石油王や治安維持法下の非合法共産党員や一九五〇年代フランスのリセエンヌや中欧のユダヤ系独身男、あるいは霊感に満ちた沖縄のオバア、一九世紀初頭の芸術家に飼われている猫、といった他人の言葉とつきあってみたい。私みたいな性質《たち》の読者もいるでしょう。

どっちも「自分好き」なんだけど、好きの向きが違う。

前者の「自分好き」は、「自分を承認してくれる言葉」にすがりつくことによってしか本を読めない。当人にピンチの自覚はないかもしれませんが、それだけ切羽詰まっているのです。

この人たちの心にとって緊急に必要なのは、お米とかパンとかお肉といった基本的な食糧のような物語、ばあいによっては医薬品のような物語、すぐ効く物語です。文学とはかぎらなくて、人によって政治思想だったり信仰だったり、あるいは消費って人もいるでしょう。家庭を持つこと、有名人になって注目されることなど、人によって違います。

あなたのそばにもいるでしょう？　自分のことを「傷ついた、人に馴れない動物」のようだと思っていて、自分の傷の痛みを訴えながらでなければ人と話すことができない人たち。残念ながら、ガーリッシュな読書はこの切羽詰まった人たちを慰めることはできません。

後者の「自分好き」は、共感できなければ読む意味がないと思ってしまうほど精神的に追いつめられているわけではない。もうちょっと恵まれた人、辛抱強い人。あるいはそこで強がれるだけの心の余裕がある人。身につまされるのと感動は違うし、娯楽に共感は必須ではない、と知っている強いあなた。

この人たちに訪れるガーリッシュな読書体験は、政治にも信仰にも、お金にもセックスにも名声にも、つまりどんな「他人による承認」にも置き換えられない読書。基本的な食糧や医薬品ではなく、お菓子のようなもの。不急不要の贅沢品。飢えて死にそうなときに食べるより、メインディッシュのあとに食べたほうが、デザートはhappyなのですから。

ガーリッシュな読書は、ほんとうに困っている人を救えない。このことを本書の著者である私は肝に銘じるべきなのです。そして引け目に思うべきなのです。

「自分だけじゃない、と思えた」「いままで言葉にならなかったもやもやを言葉にしてもらった」「自分のことが書いてあると思った」「他人事とは思えなかった」「身につまされた」「感情移入できた」「共感した」——読書の楽しみというものはそういう「本のなかにいる自分の分身の言葉」に共感することとでは、必ずしもない。

共感したくて読む本なんて、そこに見つけられるのは「知ってる自分」か、せいぜい「知らなかったけど、これも自分だと認めてやってもいい許容範囲内の自分」くらいしかないのです。そんなの退屈。

もちろん、自分や他人がなにかに共感すること自体は悪いものではありません。承認されて嬉しくない人はいない。

私だって、私の本がきっかけで『第七官界彷徨』を読んだ人が「共感した」(尾崎翠の本に、あるいは私の本に)って言ってくれたら、それは書き手としてはすごく嬉しい。当たり前です。この文章だって、読んだ人が「そのとおりだ」と言ってくれたら、嬉しいに決まっている。

でもふだん本を読んでいるとき、一読者としてどう思っているのかといえば、正直なところ、共感、まあってもいい、なくても困らぬ、くらいな感じでしょう。まことに勝手な話です。

でも、そうでなかったら私、こんな本書けませんもの。

志はもっと高く、心はもっと狭く――あとがきにかえて。

本書のもととなった『文藝ガーリッシュ　お嬢さんの第二の本箱』は、二〇〇六年一〇月から一二月まで、六九回にわたって《東京新聞》《中日新聞》《北陸中日新聞》文化欄に連載したものです。連載がはじまって間もないころ、近代日本文学篇『文藝ガーリッシュ　素敵な本に選ばれたくて。』（河出書房新社）が刊行されました。こちらは、その前年（やはり一〇から一二月）に同じ媒体に連載したぶんをまとめたものです。どちらを先に読まれてもけっこうです。

一冊目は、連載が完結して一〇か月で刊行したのに、今回の二冊目は、二年以上かかってしまいました。その理由は、二冊目の本で取り上げる作品を外国文学オンリーにするために、多くのコンテンツを削除し、あらたに書き下ろしたからでもあります（連載では、週に一冊だけ日本文学を取り上げていたのです）。コラム「文學少女の二冊目の手帖」も半分以上書き下ろしなので、結局三分の一程度が、連載終了後に書かれたことになります。しかし、遅延の最大の理由は、私の我儘で、一年間、パリに住んでいたからでした。そして内容面では、連載終了後に他のさまざまな媒体に発表したことと、かなり共通したことを書いている。自分の抽斗《ひきだし》の少なさを、つくづく申しわけなく思います。要するに私は、「志は高く、心は狭く」と言いつづけているばかりなのです。

刊行直前に、ちょっとしたニュースが届きました。連載時に唯一未訳だったルーボーの『麗しのオルタンス』ですが、ついに日本語訳が刊行されるとのこと。わが家にあるSeuil社のペイパーバック版はもうぼろぼろなので、初めて日本語で読むのが楽しみです。

ここに収められた文章を、京都で、パリで、スペイン北岸・ドノスティアで、あるいは東京で書きながら、こんな楽しい作業をさせてくれたすべての人々に感謝しています。《東京新聞》で、連載の企画をいっしょに立ち上げた三品信さんと、担当者として背中合わせに戦った稲葉千寿さん、今回も連載時の挿画を引き受けてくれた津野裕子さん、単行本化にあたって適確な助言をくれた河出書房新社の坂上陽子さんに。励ましたり叱ったりしてくれた、私の周囲の人たちと猫たちに。そして――last but not least――だれよりも、いつも私の不調法に耐え続け、ここぞというときにだいじなヒントをくれるNに。

本書中に書いたとおり、文藝ガーリッシュとはジャンルではなく、読みのスタイル。ですから、小娘とは一見無関係に思える本も、文藝ガーリッシュに読めるのです（ここ試験に出ます！）。さまざまな媒体で、そしてブログ（http://d.hatena.ne.jp/chinobox/）で、これからも文藝ガーリッシュな読みを、手前勝手にやり続けていきますから、今後ともよろしくおつきあいください。

二〇〇九年新春　千野帽子

〈紹介書籍一覧〉

品切本も多数あります。本文の書影および引用の底本とは必ずしも一致しません。

I　をさなごゝろが終わるとき。

レーモン・クノー『地下鉄のザジ』生田耕作訳、中公文庫。

サキ「あけたままの窓」中西秀男訳『ザ・ベスト・オブ・サキI』ちくま文庫。他に大津栄一郎訳『サキ傑作選』ハルキ文庫、河田智雄訳『サキ傑作集』岩波文庫、田内初義訳『サキ短編集』講談社文庫、中村能三訳『サキ短編集』新潮文庫などにさまざまな題で収録されています。

レオン・フラピエ「愛の歌」桜田佐訳『女生徒』岩波文庫。

アナトール・フランス『少年少女』三好達治訳、岩波文庫。

トーベ・ヤンソン「カリン、わが友」冨原眞弓訳『クララからの手紙』筑摩書房／『トーベ・ヤンソン短篇集』ちくま文庫。

キャサリン・マンスフィールド「船の旅」西崎憲訳『マンスフィールド短篇集』ちくま文庫／安藤一郎訳『マンスフィールド短編集』新潮文庫／「船旅」崎山正毅訳『幸福園遊会』岩波文庫。

II　セレブリティ・コンプレックス。

トルーマン・カポーティ『ティファニーで朝食を』龍口直太郎訳、新潮文庫／村上春樹訳、新潮文庫。

エリザベス・テイラー『エンジェル』小谷野敦訳、白水社／最所篤子訳、ランダムハウス講談社文庫。

エルマー・ライス『夢みる乙女』中川龍一訳、早川書房。

ゼルダ・フィッツジェラルド「皇太子のお気に召した娘」篠目清美訳、『ゼルダ・フィッツジェラルド全作品』新潮社。

ジャック・ルーボー『麗しのオルタンス』高橋啓訳、創元推理文庫。

イタロ・カルヴィーノ『不在の騎士』米川良夫訳、河出文庫／脇功訳、松籟社／本川洋子訳、『おかしな世界』学芸書林。

グスターボ・アドルフォ・ベッケル「地霊」高橋正武訳『緑の瞳・月影』岩波文庫／神代修訳『スペイン伝奇作品集』創土社／「地の精」山田眞史訳『スペイン伝説集』彩流社。

III　夏は必ず行ってしまう。

フランソワーズ・サガン『悲しみよこんにちは』朝吹登水子訳、新潮文庫／河野万里子、新潮文庫。

コレット『青い麦』手塚伸一訳、集英社文庫／堀口大學訳、新潮文庫。

セバスチアン・ジャプリゾ『シンデレラの罠』望月芳郎訳、創元推理文庫。

チェーザレ・パヴェーゼ『美しい夏』河島英昭訳、岩波文庫。

カーソン・マッカラーズ『夏の黄昏』加島祥造訳、福武文庫／『結婚式のメンバー』渥美昭夫訳、中央公論社／竹内道之助訳、三笠書房。

IV　結婚の毒と蜜。

ジェイン・オースティン『高慢と偏見』阿部知二訳、河出文庫／中野康司訳、ちくま文庫／富田彬訳、岩波文庫／『自負と偏見』中野好夫訳、新潮文庫。

ジェイン・オースティン『分別と多感』中野康司訳、ちくま文庫／真野明裕訳、キネマ旬報社『いつか晴れた日に』。

エドワード・M・フォースター『天使も踏むを恐れるところ』中野康司訳、白水Uブックス。

クレール・ガロワ『白い糸で縫われた少女』朝吹由紀子訳、新潮社。

アーダルベルト・シュティフター「二人の姉妹」山崎章甫訳『森の小道・二人の姉妹』岩波文庫。

ギーゼラ・フォン・アルニム「雀の遺した書誌から」深田甫訳、『ドイツ・ロマン派全集』四、国書刊行会。

V　綺想ガーリッシュ。

ボリス・ヴィアン『うたかたの日々』伊東守男訳、ハヤカワepi文庫／『日々の泡』曾根元吉訳新潮文庫。

ピエール・マッコルラン『恋する潜水艦』大野多加志他訳、国書刊行会。

マルセル・シュウォブ『モネルの書』大濱甫訳、南柯書局。

ヴィトルド・ゴンブローヴィチ「純潔」工藤幸雄訳『バカカイ』、河出書房新社。

シルビナ・オカンポ「ポルフィリア・ベルナルの日記」鈴木恵子訳、鼓直編『ラテンアメリカ怪談集』河出文庫。

リチャード・ブローティガン『ソンブレロ落下す』藤本和子訳、晶文社。

VI　暴力と背徳と。

マルグリット・デュラス『愛人

（ラマン）』清水徹訳、河出文庫。
レオノーラ・キャリントン「デビュタント」野中雅代訳『恐怖の館』工作舎／「うぶな娘」嶋岡晨訳『「美妙な死体」の物語』月刊ペン社／「最初の舞踏会」澁澤龍彦『怪奇小説傑作集4』、創元推理文庫。

キャシー・アッカー『わが母 悪魔学』渡辺佐智江訳、白水社。

ジュール・バルベー・ドールヴィイ「ドン・ジュアンの最も美しい恋」中条省平訳『悪魔のような女たち』ちくま文庫／秋山和夫訳『魔性の女たち』国書刊行会。

ジュリアン・グリーン『アドリエンヌ・ムジュラ』新庄嘉章訳、人文書院。


VII セクシュアリティを横切って。

ヴァージニア・ウルフ『オーランドー』杉山洋子訳、ちくま文庫／川本静子訳、みすず書房。

ミシェル・トゥルニエ『メテオール（気象）』榊原晃三＋南條郁子訳、国書刊行会。

ジャネット・ウィンターソン『オレンジだけが果物じゃない』岸本佐知子訳、国書刊行会。

ヴァレリー・ラルボー「ローズ・ルルダン」岩崎力訳『幼なごころ』岩波文庫／山田稔訳『フランス短篇傑作選』岩波文庫／「ローズ・ルールダン」池田公麿訳『めばえ』旺文社文庫。

フランソワーズ・マレ『偽りの春』金子博訳、新潮社。

ターハル・ベン＝ジェルーン『砂の子ども』菊池有子訳、紀伊國屋書店。


VIII スクールガール大暴走。

ジェローム・D・サリンジャー『フラニーとゾーイー』野崎孝訳、新潮文庫／『フラニー／ゾーイー』原田敬一訳、荒地出版社／『フラニー／ズーイー』高村勝治訳、講談社文庫／『フラニー・ズーイ』鈴木武樹訳、角川文庫。

シルヴィア・プラス『ベル・ジャー』青柳祐美子訳、河出書房新社／『自殺志願』田中融二訳、角川書店。

エリザベス・ボウエン『リトル・ガールズ』太田良子訳、国書刊行会。

ミュリエル・スパーク『ミス・ブロウディの青春』岡照雄訳、筑摩書房。

リュドミラ・ウリツカヤ『それぞれの少女時代』沼野恭子訳、群像社。

ルル・ワン『睡蓮の教室』鴻巣友季子訳、新潮社。

アンナ・カヴァン「はるか離れて」千葉薫訳『ジュリアとバズーカ』サンリオSF文庫。

セルマ・ラーゲルレーフ「わが生涯の思ひ出」石丸靜雄訳『沼の家の娘』角川文庫。


IX ロマンスと反《アンチ》ロマンス。

シャーロット・ブロンテ『ジェイン・エア』吉田健一訳、集英社文庫／小尾芙佐訳、光文社古典新訳文庫。

シャーロット・ブロンテ『ヴィレット』青山誠子訳、みすず書房。

ジェイン・オースティン『ノーサンガー・アベイ』中尾真理訳、キネマ旬報社／『ノーザンガー寺院』富田彬訳、文泉堂出版。

ピエール・ショデルロ・ド・ラクロ『危険な関係』竹村猛訳、角川文庫／近田武訳、潮文庫／大久保洋訳、講談社文庫／新庄嘉章＋窪田般彌訳、新潮文庫／伊吹武彦訳、岩波文庫。

イアン・マキューアン『贖罪』小山太一訳、新潮文庫。


X 夢見られたお嬢さんたち。

ジャン・コクトー『恐るべき子供たち』中条省平＋中条志穂訳、光文社古典新訳文庫／鈴木力衛訳、岩波文庫／『怖るべき子供たち』東郷青児訳、角川文庫。

イルゼ・アイヒンガー『より大きな希望』矢島昂訳、月刊ペン社。

フランシス・ジャム『少女たち』田辺保訳、『フランシス・ジャム全集』三、青土社（「ジョンキーユ」を除く版＝『三人の少女』田辺訳、旺文社文庫／『三人の乙女たち』手塚伸一訳、青土社）。

ジュール・シュペルヴィエル『海に住む少女』永田千奈訳、光文社古典新訳文庫／『海の上の少女』綱島寿秀訳、みすず書房／『沖の小娘』三野博司訳、現代教養文庫／『沖の小娘』堀口大學訳、青銅社／「沖に住む少女」嶋岡晨訳『ノアの方舟』ハヤカワ文庫／「沖の娘」窪田般彌訳、『フランス幻想小説傑作集』白水Uブックス。

フランク・ヴェデキント『ミネハハ』市川実和子訳、リトルモア。

スティーヴン・ミルハウザー「アリスは、落ちながら」柴田元幸訳『バーナム博物館』、白水Uブックス。

千野帽子（ちの・ぼうし）

フランス政府給費留学生としてパリ第四大学で文学理論を学び、博士課程修了。京都在住。勤め人・俳人。二〇〇四年から休日のみエッセイスト。著書『文藝ガーリッシュ——素敵な本に選ばれたくて。』（河出書房新社）『文學少女の友』（青土社）。《野性時代》《ミステリマガジン》《日経ビジネスオンライン》《ASPECT》などに連載、女性誌・文芸誌・新聞などに執筆。

世界《せかい》小娘《こむすめ》文學《ぶんがく》全集《ぜんしゅう》
——文藝《ぶんげい》ガーリッシュ 舶来篇《はくらいへん》

二〇〇九年 二 月一八日 初版印刷
二〇〇九年 二 月二八日 初版発行

著　者　千野帽子《ちのぼうし》
発行者　若森繁男
発行所　株式会社 河出書房新社
〒一五一—〇〇五一
東京都渋谷区千駄ヶ谷二—三二—二
電話　〇三—三四〇四—八六一一（編集）
〇三—三四〇四—一二〇一（営業）
http://www.kawade.co.jp/

装丁・装画　芥 陽子（note）
印　刷　中央精版印刷株式会社
製　本　加藤製本株式会社

Printed in Japan ISBN978-4-309-01910-9

文藝ガーリッシュ

——素敵な本に選ばれたくて。

千野帽子

「志は高く、心は狭く」——尾崎翠、武田百合子、嶽本野ばら等、大正・昭和・平成三代のガーリッシュな文学作品を紹介する、スヰートで辛口な小娘《フィエット》のためのガイドブック決定版。